HISTORIQUE DE LA GUERRE

Fascicule n° 15

PAR

Ferdinand BAUDOUIN

Ancien Officier de Réserve
paix à Ruffec, Maire de Couture-d'Argenson (2-Sèvres)
Officier de l'Instruction Publique

HISTORIQUE
DE
LA GUERRE

PAR

Ferdinand BAUDOUIN

Ancien Officier de réserve,
Juge de Paix à Ruffec, Maire de Couture-d'Argenson,
Officier de l'Instruction Publique.

QUINZIÈME PARTIE

Violents combats en Champagne et en Argonne.
Progression française dans la région de Flirey.
Les alliés progressent à Saint-Georges et vers Lombaertzyde.
Bombardement de Dunkerque par des avions allemands.
Les Allemands réoccupent Burnhaupt-le-Haut (Alsace).
Bataille de Karaourgan entre Turcs et Russes.
Violents combats à La Boisselle et à Beauséjour.
Attaque de l'éperon 132 au nord de Soissons par les Allemands.
Démission du comte Berchtold, ministre des affaires étrangères d'Autriche.
Les Français évacuent la rive droite de l'Aisne entre Crouy et Missy, après une bataille acharnée.
Echec d'une attaque allemande à Flirey.

NIORT
IMPRIMERIE TH. MARTIN
Rue Saint-Symphorien
—
1915

HISTORIQUE DE LA GUERRE

6 JANVIER 1915

Légers progrès des Français au nord-ouest de Reims. — Violents combats en Champagne et en Argonne, tous favorables aux Français. — Les Français progressent dans la direction d'Altkirch.

Situation des armées sur le front occidental

La journée d'hier s'est écoulée sans que les combats qui se sont livrés sur l'ensemble du front aient apporté une modification sensible dans la situation des armées en présence. En Belgique, l'ennemi a prononcé sans succès deux attaques, l'une dans la région des dunes, l'autre au sud-est de Saint-Georges. Cette résistance est un véritable succès, si on considère que des renforts arrivent chaque jour à l'ennemi et que malgré ses efforts il lui est impossible de maintenir ses positions. On annonce d'Amsterdam que plusieurs milliers de soldats et 2.000 cavaliers ont été envoyés sur le front de l'Yser.

Depuis la Lys jusqu'à l'Argonne on ne signale que des combats d'artillerie, sauf au nord-ouest de Reims où nos troupes ont progressé d'une centaine de mètres.

C'est en Argonne qu'ont eu lieu les plus violents combats et le bois de la Gruerie a été le théâtre d'une action brillante qui nous a permis de reprendre les tranchées que nous avions perdues. Près du ravin de Courtechausse nous avons occupé 400 mètres de tranchées allemandes, sur 800 mètres que nous avions fait sauter à la mine.

La bataille est toujours très ardente en Alsace, les allemands voudraient à tout prix enrayer notre offensive mais ils n'y parviennent que difficilement, ils ont paraît-il **réoccupé** hier une de leurs anciennes tranchées au sud de Steinbach.

Les combats autour de Cernay ont été très violents, ces derniers jours; l'artillerie a surtout produit d'excellents résultats. Un témoin oculaire a raconté que les vallées étaient remplies de cadavres d'animaux et des décombres des châlets, près de Cernay, les Allemands avaient creusé dans les rochers un vaste système de tranchées avec couloirs, tous ces ouvrages de défense ont été détruits avec une violence formidable par notre artillerie alors que l'ennemi se croyait à l'abri dans ses positions.

F. B.

Nouvelles diverses publiées par les journaux

— Un impôt de guerre de douze millions de francs vient d'être imposé à la ville de Courtrai par les Allemands.

— Le nommé Alfons Reutenayer vient d'être condamné par la Cour de Leipzig à quatre ans et demi de prison pour avoir essayé de livrer à la France des secrets militaires sur la forteresse de Kiel.

— Un télégramme d'Amsterdam fait connaître que le 31 janvier, 500 officiers et soldats bavarois ont défilé dans les rues de Bruxelles les mains liées derrière le dos. On assure que ces Bavarois auraient refusé de se battre et auraient favorisé l'évasion de prisonniers.

— Le colonel Joseph Valentin, commandant une brigade par intérim, déjà blessé deux fois, le 20 et le 26 août, vient de subir l'amputation du bras gauche, à la suite d'une blessure reçue le 18 décembre. Il a l'intention de retourner sur le front.

— La ville de Montréal a décidé de verser au comité de secours national français une somme de 50.000 francs. Une autre somme de 100.000 francs provenant d'une souscription canadienne sera versée en même temps au même comité.

— Un avion allemand a survolé Hazebrouck vers huit heures, des avions anglais lui ont donné la chasse. Armentières a été bombardé le même jour par deux taubes allemands.

En Russie. — Les opérations militaires continuent en Pologne dans de bonnes conditions pour les armées russes. Sur la rive gauche de la Vistule, dans la région de Boulinow et de Maghely, les actions de détail se poursuivent.

La situation de l'armée autrichienne en Galicie est plutôt critique, les dernières nouvelles signalent la capture d'un bataillon autrichien tout entier. Les tendances séparatistes en Hongrie s'accentuent et un mécontentement sérieux règne contre l'Allemagne et l'Autriche. Un journaliste arrivé récemment de Prague déclare que toute la Bohême manifeste des symptômes de révolte encore plus graves qu'en Hongrie.

En Turquie. — La défaite que les Russes ont infligée aux Turcs est complète, le commandant du 9e corps d'armée est prisonnier ainsi que les généraux commandants les 17e, 28e, et 29e divisions et leurs états-majors, soit plus de cent officiers.

En prévision d'une attaque des flottes alliées, les Turcs ont amené dans les Dardanelles toute une flotte de vieux chalands remplis de pierres et destinés à être coulés pour obstruer les passes.

En Italie. — La mission du prince de Bulow paraît-être de poser les bases d'un intervention italienne en faveur de la paix. Le gouvernement aurait répondu qu'il était disposé à intervenir quand l'Allemagne le lui demanderait, mais qu'il n'entendait pas aliéner son droit d'intervenir dans la guerre quand ses intérêts le lui commanderont.

Un journal italien annonce que l'entrée en action de

l'Italie dans le conflit est chose décidée et qu'elle se produira fin janvier.

Le « New-Yorck Hérald » annonce que dans les cercles diplomatiques on s'attend à l'entrée en campagne de la Roumanie vers la fin de janvier.

Documents historiques, récits et anecdotes

Un duel de trains blindés près de Dixmude. — C'est le 2 janvier à la rencontre des voies qui se croisent à Dixmude qu'un duel entre deux trains blindés a eu lieu.

Peu après le lever du jour, un train allemand entre Essen et Dixmude ouvrit le feu sur le quartier ouest de Dixmude.

Un train allié apparut aussitôt, stoppa à Oost'kerke et attaqua le train allemand.

Le combat dura près d'une heure, chaque adversaire se montrant fort habile tireur et obligeant l'autre à de fréquents déplacements.

Enfin les Alliés, après un coup en plein centre du train ennemi, virent les Allemands courir de tous côtés pour essayer de mettre en marche tout ou partie de leur train qui resta en détresse malgré leurs efforts.

Le train allié rentra sans avaries. — Du *Daily Mail*.

La destruction du village d'Hébuterne. — Un sous-lieutenant d'infanterie territoriale écrit:

« Hébuterne est entre tous les villages du Pas-de-Calais un des plus jolis et des plus pittoresques. Nous étions entrés le jeudi au milieu des acclamations de la population; quatre jours après, le mardi suivant, maisons, habitants, femmes, enfants ne formaient plus qu'une horrible confusion de décombres carbonisés. Le village n'avait pas voulu se rendre; les Allemands avaient tout détruit, tout brûlé! En vain, car Hébuterne resta entre les mains françaises.

« Le récit de sa défense restera une des plus belles pages de cette guerre et la plus grande gloire des territoriaux bretons et vendéens. Des milliers d'obus avaient été lancés par les Allemands sur les maisons dans des conditions telles que le village n'était plus qu'une ceinture de tranchées de tir autour d'un brasier colossal. A la lueur de l'incendie, un régiment de territoriale, aidé d'une seule compagnie d'active, repoussa soixante-dix heures durant, c'est-à-dire pendant trois jours les assauts répétés de quatre régiments de la garde prusienne.

« Les Allemands laissèrent sur place 850 morts, entre nos mains 250 prisonniers. Quant aux blessés, leur nombre atteignait plus de la moitié de l'effectif assiégé.

« De notre côté, en revanche, pas une maison du village n'était restée debout. »

Dépêches officielles
Premier Communiqué

En Belgique, l'ennemi a prononcé, sans succès, deux attaques: dans la région des dunes et au sud-est de Saint-Georges.

Sur le reste du front, au nord de la Lys, et de la Lys à l'Oise, il n'y a eu que des combats d'artillerie.

Dans la vallée de l'Aisne et dans le secteur de Reims, nos batteries ont pris l'avantage sur celles de l'ennemi qu'elles ont réduites au silence; on signale, d'autre part, une progression de nos troupes d'une centaine de mètres au nord-ouest de Reims.

En Argonne s'est déroulée une action très vive qui nous a permis de reprendre 300 mètres de tranchées dans le bois de la Gruerie, au point où s'était produit un léger fléchissement signalé précédemment.

De Bagatelle et de Fontaine-Madame, sont parties deux violentes attaques allemandes à l'effectif d'un régiment chacune; elles ont été repoussées.

Près du ravin de Courtechausse, nous avons fait sauter à la mine 800 mètres de tranchées allemandes, dont nous avons occupé la moitié.

De l'Argonne aux Vosges, le mauvais temps, la brume et la boue ont persisté. Il y a eu, sur différents points du front, d'assez vifs combats d'artillerie. Au bois Le Prêtre, près de Pont-à-Mousson, nous avons continué à gagner du terrain.

Dans la région de Thann, malgré une violente canonnade, nous avons maintenu nos gains de la veille tant à Steinbach même que dans les tranchées au sud-ouest et au nord-ouest du village. L'ennemi a réussi à réoccuper une de ses anciennes tranchées sur le flanc est de la hauteur cote 425, dont le sommet demeure en notre possession.

Deuxième Communiqué

Les seuls incidents notables qui ont été signalés sont :
Au Nord, une assez vive canonnade dans la région de Zillebeke, le maintien de nos positions en Argonne et une légère progression de nos troupes dans le bois d'Hirzbach, près d'Altkirch.

---

7 JANVIER 1915

Violentes attaques allemandes dans la région de Lille, toutes repoussées. — Progression des Français dans la région de Flirey. — Les combats continuent en Haute-Alsace. — Les Allemands bombardent Thann.

Situation des armées sur le front occidental

Dans le Nord on a surtout fortement canonné pendant la journée d'hier, et avec avantage pour nous, puisqu'il est maintenant indiscutablement établi que nous possédons la supériorité en artillerie lourde comme nous la possédions au début de la guerre pour l'artillerie de campagne.

Une violente attaque allemande est signalée dans la région de Lille, nous avons d'abord perdu la tranchée attaquée, puis nous l'avons reprise.

On parle beaucoup en Belgique et dans le Nord des préparatifs allemands concernant un prochain raid aérien qui aurait lieu au-dessus des lignes alliées et peut être même vers les côtes anglaises. De nombreux zeppelins y prendraient part, ce serait pour l'Allemagne la revanche de l'affaire de Cuxhaven.

En attendant, le communiqué d'aujourd'hui nous fait connaître que des avions allemands qui se dirigeaient sur Dunkerque ont été mis en fuite par nos batteries d'artillerie.

On s'est aussi battu dans la journée d'hier en Woëvre et en Argonne, au nord-est de Flirey où notre progression a été très sensible et vers le Four-de-Paris où de violentes attaques allemandes ont été dirigées contre nos lignes.

En Alsace, la lutte est toujours vive, il faut enlever le terrain pied à pied et le fortifier ensuite à la hâte pour résister aux contre-attaques allemandes. Sur la croupe qui domine Steinbach et plus au nord, vers Vatwiller et Kolschlag nous avons résisté hier à de violentes contre-attaques ennemies pendant que sur un autre point, dans la direction d'Altkirch nous progressions sensiblement en occupant un bois à 4 kilomètres de la ville.

Les Allemands se sont vengés de leurs insuccès dans cette région en bombardant l'hôpital de Thann.

L'ennemi a beau multiplier ses attaques, nous sommes maîtres de la situation sur tout le front et notre offensive se continue, lente mais sûre.

F. B.

Nouvelles diverses publiées par les journaux

— On annonce la mort glorieuse du général Raymond de l'infanterie coloniale, qui avait été promu après la bataille de la Marne.

— On annonce qu'en prévision d'une retraite possible les Allemands réparent en toute hâte les forts de Maubeuge.

— Il résulte d'indications fournies par un journal de Copenhague que les pertes allemandes en tués, blessés et prisonniers s'élevaient en fin décembre, à deux millions d'hommes, ce chiffre ne paraît pas exagéré.

— On écrit d'Allemagne que l'état de siège vient d'être proclamé en Saxe. On se demande ce que cela veut dire, en raison de ce qu'une mésentente avec les Allemands n'est pas admissible.

— Un fonctionnaire de la gare de Furnes vient d'être fusillé. On avait constaté qu'au moyen de signaux il indiquait à l'ennemi le moment de lancer des engins sur Furnes.

— Le « New-York Hérald » publie qu'un détachement de 100 hommes de la landsturm prussienne ayant refusé de quitter Bruxelles pour se rendre au front, brisa, à titre de protestation les plus beaux vitraux d'art de plusieurs demeures bruxelloises. Ces hommes ont été expédiés en Allemagne.

— Des avions allemands ont, hier, survolé Dunkerque, on suppose qu'ils servaient d'éclaireurs à trois zeppelins qui ont été aperçus entre Calais et Gravelines. Quelques bombes ont été jetées sur Dunkerque. Les avions alliés leur ont donné la chasse.

— On annonce que dans tout le Trentin, 7 hommes seulement ou répondu à la convocation des conseils de révision militaire, de nombreux jeunes gens ont passé en Italie. Des arrestations ont été opérées.

— Un télégramme de Bucarest confirme la nouvelle d'une entrevue prochaine du roi de Roumanie et du tsar de Bulgarie en territoire roumain.

En Russie. — Le grand état-major russe communique que les troupes russes ont prononcé avec succès une attaque dans la région de Mlava; que sur la Vistule la situation n'a pas changé. L'armée russe des Carpathes a réussi à placer son artillerie sur les monts qui dominent les gorges de Dukla et si la jonction avec l'armée venant de la région de Bereg peut s'effectuer Budapest sera directement menacé.

En Turquie. — Les forces turques battues dans le Caucase étaient commandées par Enver Pacha. Dès que l'échec se dessina, celui-ci laissa le commandement de l'armée à Chukri Pacha, le défendeur d'Andrinople et au général allemand Liman von Sanders. Parmi les généraux prisonniers se trouve Izzet Pacha, ancien ministre de la guerre.

Un télégramme de Constantinople dit que le cuirassé « Gœben » a heurté deux mines russes près du Bosphore, le jour de Noël et qu'il est sérieusement endommagé. Il a deux trous dans sa coque et il faudra longtemps pour le réparer.

Documents historiques, récits et anecdotes

Un camp de prisonniers français vu par un Allemand. — Le professeur Hubert Grimme, interprête au camp de Munster, dont il a été si souvent question dernièrement à propos de l'affiche du général von Bissing, a publié dans la revue « Deutschland » un article dont le « Handelsblad » donne l'extrait ci-dessous, où il y a un curieux mélange de sotte inconscience et de perfidie, parfois un involontaire hommage à la race française:

« Le temps exerce une grande influence sur les habitants de cette ville captive, qui est entourée de trois rangs de fils de fer barbelés, d'un courant électrique à haute tension et d'une toile métallique. Lorsque le temps est sombre, qu'il pleut ou qu'il neige, des milliers d'yeux reflètent la misère comme si chacun se sentait voué à la mort. En cas de beau temps, au contraire, une foule variée parcourt les rues du camp. Les couleurs vives des uniformes brillent, et l'on se croirait sur les boulevards d'une grande ville française. Des remarques plaisantes vont et viennent, et on commente les nouvelles avec des gestes animés. Alors, on ne dirait pas que ces hommes sont des vaincus et qu'au loin peut-être leurs familles les attend dans la misère et l'angoisse. Ce sont pour la plupart des réservistes et des territoriaux qui ont dû quitter les leurs dès le premier jour de la mobilisation. Eux, ne désirent ni gloire ni victoire, mais le repos et le retour au foyer. Presque toujours quand ils rencontrent un étranger ils demandent: « Croyez-vous que la paix se fera bientôt? » Si on leur répond que cela peut encore durer des mois, on lit sur leurs visages une profonde désillusion.

« Après la sonnerie du clairon qui les réunit à six heures du matin pour le café, un certain nombre d'entre eux sont emmenés hors du camp pour travailler. Les prisonniers y tiennent beaucoup, car cela leur donne un peu plus de liberté de mouvements. Ceux qui restent flânent dans le camp. Il y a toujours foule à la visite. Trois médecins sont chargés de surveiller l'état sanitaire de ces 17.000 prisonniers. On en vaccine beaucoup contre la petite vérole. Avant que le malade se rhabille, on l'ausculte. Quarante pour cent environ souffrent de la tuberculose. Beaucoup de prisonniers tâchent de gagner un peu d'argent pour pouvoir acheter à la cantine quelque jolie chose: un chandail de laine, de quoi écrire, ou des livres français.

« L'un s'établit barbier. Il n'a pas de frais d'installation, et invite son client à s'asseoir sur un rouleau de fils barbelés, sur lequel il a placé une musette. Pour raser, il prend deux sous, pour couper les cheveux, jusqu'à quatre sous.

« Un autre a fait de quelques morceaux de bois un modèle très exact d'aéroplane; il organise une loterie de 150 billets à 5 sous pièce, avec un lot unique: l'aéroplane. Si l'entreprise réussit, le voilà capitaliste.

« D'autres, encore d'une main maladroite, manient le fil et l'aiguille et tâchent de repriser leur uniforme ou de réparer leurs souliers. On joue à toutes sortes de jeux. Nombre de prisonniers écrivent aux leurs. Ces petits billets trahissent bien des secrets sentimentaux. On y lit souvent de touchantes expressions, des manifestations d'amour marital et paternel, et s'il est permis de tirer des conclusions de ces lettres, il faut croire que le Français, en général, n'a pas encore perdu le goût de la vie familiale ni sa foi en la Providence.

« On cherche en vain des plaisanteries dans ces lettres. Mais l'humour apparaît dans les inscriptions placées au-dessus des baraquements et des huttes de terre. On lit parmi les enjolivements: « Hôtel de l'Estomac vide », « Hôtel du Ventre creux », « Aux mâchoires sans Travail », « Au Ver solitaire en révolte », etc. Autant d'allusions au manque de cette vie agréable dont ils rêvent comme d'un idéal de petit rentier français. »

Dépêches officielles

Premier Communiqué

De la mer à la Lys, il n'y a eu, dans la journée du 6 janvier, que des combats d'artillerie où nous avons eu presque constamment l'avantage. Nos batteries ont mis en fuite des avions allemands qui se dirigeaient sur Dunkerque et elles ont éteint le feu des minenwerfer dans la région de Zillebeke. L'ennemi a bombardé violemment la tête de pont belge au sud de Dixmude.

Dans la région de Lille, nous avons repoussé avec succès une violente attaque allemande sur une de nos tranchées. Cette tranchée, d'abord perdue par nous, a été brillamment reprise et nous avons bouleversé par des explosions de mines une partie des ouvrages allemands.

Entre la Somme et l'Aisne, rien à signaler que des combats d'artillerie.

A l'est de Reims, à la ferme d'Alger, l'explosion de mines que nous avons provoquée hier soir a arrêté les travaux ennemis.

En Argonne, à l'ouest et au nord de Verdun, combats d'artillerie où l'ennemi a montré peu d'activité.

En Woëvre, la progression réalisée au nord-ouest de

Flirey est plus importante qu'il n'avait d'abord été signalé. Nous nous sommes rendus maîtres d'une fraction de la première ligne ennemie.

A Steinbach, à la cote 425, l'ennemi n'a pas contre-attaqué. Une pluie persistante et l'état du terrain rendaient d'ailleurs tout mouvement difficile. Nous nous sommes maintenus sur toutes les positions conquises les jours précédents.

Deux attaques ennemies se sont produites, l'une à l'ouest de Watwiller, l'autre près de Kolschlag. Elles ont été immédiatement repoussées.

Nous avons progressé dans la direction d'Altkirch en occupant les bois situés à 4 kilomètres à l'ouest de cette ville. Notre artillerie lourde a réduit au silence celle de l'ennemi. Celui-ci, pendant toute la journée, a bombardé l'hôpital de Thann.

Deuxième Communiqué

On signale ce soir de violentes attaques allemandes dans la région de Lassigny; en Argonne, au croisement de la route du Four-de-Paris à Varennes et de celle de la Haute-Chevauchée, dans la région de Verdun et sur la croupe qui domine Steinbach.

Toutes ces attaques ont été repoussées.

8 JANVIER 1915

Les alliés progressent à Saint-Georges et vers Lombaertzyde. — Progrès sensibles des Français au nord de Soissons. — Victoire française entre Bétheny et Prunay. — Prise par les Français de Burnhaupt-le-Haut (Alsace). — Bombardement de Dunkerque par des avions allemands. — Les Français s'emparent de Perthes-les-Hurlus.

Situation des armées sur le front occidental

Des opérations importantes ont été effectuées pendant toute la journée d'hier sur l'ensemble du front, les combats d'infanterie ont été violents et les résultats que nous avons acquis méritent d'être signalés.

En Belgique les Allemands s'efforcent de maintenir leur ligne actuelle jusqu'à ce que les travaux de leur seconde ligne de défense soient terminés, ils renforcent leurs positions près d'Ostende.

Malgré leur énergique résistance, nous avons enlevé, en avant de Lombaertzyde un mamelon qui se trouvait à 50 mètres de nos tranchées, à l'est de Saint-Georges nous avons également gagné du terrain; nous avons repoussé l'ennemi dans la direction d'Ostende. Vers Courtrai, une patrouille anglaise s'est avancée jusqu'au village de Heule, à 3 kilomètres seulement de Courtrai.

Autour de Reims, la lutte a été très violente pendant toute la journée d'hier et nous ne pouvons que nous féliciter du résultat acquis; au bois des zouaves nous avons fait un bond en avant de 200 mètres et occupé une tranchée ennemie.

Entre Bétheny et Prunay, il s'est livré une véritable bataille, les pertes allemandes sont fortes et les nôtres minimes.

En Argonne, des attaques allemandes ont eu lieu autour de la Haute-Chevauchée, nous nous sommes d'abord repliés, quelques-unes de nos tranchées ayant été bouleversées par la mine, mais nous avons aussitôt réoccupé nos positions.

C'est surtout en Haute-Alsace que nos succès sont importants. Notre offensive s'est accentuée au delà de Thann et vers Altkirch qui se trouve directement menacé. Nous avons également progressé dans la direction de Pont d'Aspach et de Kahlberg. Nous nous sommes emparés de Burnhaupt-le-Haut entre Thann et Altkirch.

Les journaux allemands reconnaissent que la fortune des armes nous est favorable en Alsace, ils attribuent nos succès à la proximité de la place forte de Belfort et ils se consolent en ajoutant que ce n'est pas là que se livrera la bataille décisive.

F. B.

Nouvelles diverses publiées par les journaux

— M. Viviani, président du conseil, vient d'être informé officiellement de la mort de son fils cadet, tombé le 22 août sur le champ de bataille de Cussigny (Meurthe-et-Moselle).

— L'almanach de Gotha enregistre la mort de sept princes allemands tués pendant la guerre actuelle: Frédéric et Ernest de Saxe Meinengen; Max de Hesse; Rudof et Ernest de Lippe; Wobrath de Waldeck-Pyrmont; Henry de Reuss.

En Russie. — Suivant une dépêche privée de Berlin, le maréchal Hindenburg a rassemblé 21 corps d'armée sur la rive gauche de la Vistule, dans le but de marcher sur Varsovie; sept de ces corps sont récemment arrivés du front occidental.

Les troupes allemandes combattent jour et nuit, surtout

la nuit; en une seule nuit, elles ont livré onze attaques autour de Sochaczef, mais toutes ont été repoussées.

Les communiqués russes se trouvent confirmés en tous points par cette dépêche privée.

En ce qui concerne les opérations contre l'Autriche, les communiqués russes sont également confirmés par un télégramme de Vienne qui dit: « De nouvelles forces russes opèrent dans les Carpathes, contraignant l'armée autrichienne à battre en retraite ».

En Turquie. — L'ambassadeur de Perse à Rome a confirmé officiellement que la Perse a envoyé un ultimatum à la Turquie en l'invitant à retirer ses troupes de la frontière.

En Serbie. — Dans la nuit du 4 au 5 janvier, les détachements serbes ont surpris les troupes autrichiennes qui occupaient l'île d'Ada Tzigalia. près Belgrade et les ont mises en déroute.

Des troupes bavaroises sont envoyées en Hongrie orientale, en Bosnie et en Herzégovine pour renforcer le contingent autrichien destiné à faire prochainement une nouvelle tentative contre la Serbie, 60.000 Allemands sont déjà passés à Tarvis (Carinthie) se dirigeant sur Sarajevo.

En Roumanie. — Les journaux anglais annoncent que l'intervention de la Roumanie est imminente; qu'en vertu d'arrangements pris d'une façon définitive les intérêts de la Roumanie à Vienne et à Berlin seront confiés au service diplomatique des Etats-Unis. Ils annoncent également que l'héritier du trône de Bulgarie, prince Boris, serait fiancé à la princesse Elisabeth de Roumanie, ce serait le prélude d'une entente entre les deux Etats.

En Italie. — L'ambassade d'Allemagne est depuis plusieurs jours en pourparlers animés, avec le gouvernement italien, au sujet d'un vapeur allemand chargé de 700 tonnes d'explosifs à destination de la Turquie. Ce vapeur arrivé à Naples le 29 ou le 30 décembre a été éloigné du port de Naples et retenu à Baja en raison du danger que faisait courir sa cargaison.

Documents historiques, récits et anecdotes

Le deuxième deuil: Constantin Garibaldi. — Le capitaine Ricciotti Garibaldi vient de raconter comment est mort, en Argonne, son frère Constantin.

« Avant-hier, mon frère Beppino, qui est colonel du régiment, avait reçu l'ordre du général d'attaquer une triple série de tranchées allemandes, qui nous faisaient face.

« Pendant la nuit, tout avait été préparé.

« Au petit jour, la première et la troisième compagnie attendaient l'explosion des mines pour s'élancer à la baïonnette.

« A 7 heures moins le quart, une secousse formidable se produisit et des tranchées ennemies, comme d'un volcan en éruption, s'éleva une colonne de fumée et de pierres projetées en l'air.

« Sans attendre le signal du clairon, nos braves foncèrent en avant en ayant aux lèvres les cris de: Vive Trieste!

« Inutile de vous dire que la première tranchée fut enlevée en un tour de main et les Allemands qui s'y trouvaient cloués sur place ou faits prisonniers.

« La deuxième tranchée allemande, distante d'une vingtaine de mètres, était, elle aussi, enlevée rapidement. Je vous signale l'exploit du lieutenant O... qui, ayant réussi à repérer une mitrailleuse, fonça droit sur elle avec une trentaine de braves, réussissant à s'en emparer après avoir fendu la tête du servant d'un coup de hâche.

« Mais restait la troisième tranchée, séparée de celle dont nous venions de nous rendre maîtres par 80 mètres de terrain complètement découvert et dominé par une hauteur occupée par les Allemands.

« Malgré ces difficultés, nous nous élançâmes pour la troisième fois, réussissant, cette fois encore à conquérir du terrain; mais les Allemands, contre-attaquant, rendirent notre situation difficile et Beppino nous envoya l'ordre de nous replier sur la seconde tranchée allemande.

« C'est à ce moment que mon frère Constantin est mort. Beppino l'avait laissé dans la première tranchée française, avec une section de réserve. Voyant que les nôtres se repliaient, il s'élança hors du fossé en entraînant ses hommes.

« Il avait à peine parcouru 5 mètres sur le plat qu'une balle le frappait au cou, lui coupant la carotide. Il est tombé à 5 mètres de Beppino. »

Dépêches officielles

Premier Communiqué

L'artillerie ennemie a montré pendant toute la journée du 7 beaucoup d'activité en Belgique et dans la région d'Arras. L'artillerie française a répondu vivement et efficacement. Notre infanterie a réalisé quelques progrès. Près de Lombaertzyde, nous avons enlevé, à cinquante mètres en avant de nos tranchées, un mamelon occupé par l'ennemi. A l'est de Saint-Georges, nous avons gagné du terrain. Nous avons sérieusement endommagé les tranchées ennemies voisines de Steenstraate.

Dans le secteur d'Arras, au bois de Berthonval, nous avons, sans être attaqués, dû évacuer certains éléments de tranchées où les hommes étaient enlisés jusqu'aux épaules. A gauche de la Boisselle, notre ligne de tranchées a été portée en avant; nous occupons le chemin de la Boisselle à Avelny.

Dans la vallée de l'Aisne, le duel d'artillerie a été assez vif; notre artillerie lourde a obtenu de bons résultats. Près de Blanc-Sablon, les minenwerfer de l'ennemi nous ont infligé des pertes, mais dans l'après-midi nous avons arrêté le feu allemand.

Dans le secteur de Reims, à l'ouest du bois des Zouaves, nous avons fait sauter un blockhaus et occupé une nouvelle tranchée à 200 mètres en avant de nos lignes. Le combat d'infanterie entre Bétheny et Prunay a été d'une extrême âpreté ; les Allemands ont laissé de nombreux morts sur le terrain ; nos pertes sont minimes. Entre Jonchery-sur-Suippe et Souain, nous avons, à plusieurs reprises, réduit au silence l'artillerie ennemie, bouleversé des tranchées et détruit des abatis.

En Argonne, à l'ouest de la Haute-Chevauchée, l'ennemi a fait sauter à la mine quelques-unes de nos tranchées de première ligne qui ont été complètement bouleversées. L'attaque violente qu'il a aussitôt prononcée a été repoussée à la baïonnette. Nous avons fait des prisonniers et maintenu notre front, sauf sur une étendue de quatre-vingts mètres où le bouleversement des tranchées nous a obligés à établir notre ligne à vingt mètres en arrière.

Sur les Hauts-de-Meuse et entre Meuse et Moselle, rien à signaler. Le vent a soufflé en tempête toute la journée.

Notre offensive a continué dans la région de Thann et d'Altkirch et a obtenu des résultats importants. Nous avons repris les tranchées sur le flanc est de la cote 425, où l'ennemi avait réussi à se réinstaller il y a deux jours. Nous avons ensuite gagné du terrain à l'est de ces tranchées.

Plus au sud, nous avons enlevé Burnhaupt-le-Haut. Nous avons en même temps progressé dans la direction de Pont-d'Aspach et du Kahlberg. L'artillerie ennemie qui avait essayé sans succès d'atteindre nos batteries a renoncé à tirer sur elles pour bombarder exclusivement l'hôpital de Thann qui a été évacué.

Deuxième Communiqué

Au nord de Soissons, nous avons enlevé une redoute allemande, conquis deux lignes successives de tranchées et atteint la troisième ligne. Trois retours offensifs exécutés par les Allemands ont échoué.

En Argonne, une très violente attaque allemande à hauteur de la Haute-Chevauchée nous a d'abord forcés à nous replier sur un kilomètre de front. Mais, nous avons contre-attaqué et réoccupé nos positions.

Un radiotélégramme de presse allemand prétend que nous avons perdu la cote 425, dominant Steinbach, et que nous n'avons pas pénétré dans Burnhaupt-le-Haut. Ces deux allégations sont fausses.

---

9 JANVIER 1915

Douze avions allemands jettent des bombes sur Dunkerque. — Les Français occupent la cote 132, dans la région de Soupir. — Bombardement du Palais de justice de Soissons. — Les Allemands réoccupent Burnhaupt-le-Haut (Alsace).

Situation des armées sur le front occidental

La situation dans les Flandres paraît toujours favorable aux alliés, les Allemands sont très occupés sur les bords de la mer, ils fortifient, car ils craignent plus que jamais un débarquement anglais. Dans la région de Nieuport et dans celle de Dixmude, on ne signale aucun combat d'infanterie, dans celles d'Ypres et d'Arras des combats d'artillerie.

C'est sur la ligne de l'Aisne que se sont déroulés hier les plus violents combats. Au nord de Soissons, un retour offensif allemand a été repoussé, l'ennemi s'est vengé en bombardant à nouveau Soissons, le palais de justice a été incendié. les archives ont pu être sauvées.

Dans la région de Perthes, entre Verdun et Reims, l'affaire a été chaude et mérite d'être signalée.

Elle a commencée par une attaque allemande à l'ouest de

Perthes, nos troupes ont contre-attaqué immédiatement et ont rejeté l'ennemi au-delà de sa première ligne de tranchées. En même temps, une attaque directe sur Perthes, vigoureusement menée, nous a permis non seulement de nous emparer de cette localité, mais de la dépasser. Nos nouvelles positions ont été aussitôt fortifiées afin de pouvoir résister à un retour offensif de l'ennemi.

En Woëvre, sur la ligne Flirey, le bois d'Ailly et le bois Le Prêtre, nous avons progressé légèrement.

En Alsace, nous avons maintenu nos positions dans la région de Cernay, mais nous avons été obligés, plus au sud, de reculer devant une attaque allemande, faite avec de grosses forces, et d'abandonner Burnhaupt-le-Haut que l'ennemi a réoccupé. La situation en Alsace n'est pas modifiée par ce léger recul, car, ce qu'il faut retenir, ce sont des opérations d'ensemble et non un fait isolé qui résulte d'une attaque violente par des forces nombreuses, avec un objectif unique.

F. B.

Nouvelles diverses publiées par les journaux

— Un télégramme de Melbourne fait connaître que le paquebot allemand « Eléonor Woermann » a été coulé par un bâtiment de guerre australien.

— Le « Petit Journal » signale que le caporal Louis Laudon, de la 1re compagnie du 100e d'infanterie détient le record des blessures, le médecin qui le soigne à l'hôpital de Tours a constaté qu'il avait reçu 132 blessures.

— On apprend par un télégramme de Copenhague que l'autorité allemande a transféré une grande partie de sa flotte, de Cuxhaven sur différents points à l'intérieur du canal de Kiel, par crainte d'une nouvelle tentative aérienne anglaise.

— Le journal allemand « La Gazette de Cologne » reconnaît que deux navires de guerre anglais ont bombardé Dares-Salam (Est-Africain Allemand) et ont coulé tous les vaisseaux allemands qui se trouvaient dans le port.

— Des blessés allemands en traitement à l'hôpital de Nancy ayant appris qu'un zeppelin avait jeté des bombes sur la ville, manifestèrent leur joie par des cris inconvenants. Les coupables ont été punis.

— Le maire de Saales (Vosges) que l'on considérait comme ayant été fusillé par les Allemands serait détenu dans une prison de Strasbourg.

En Russie. — Le correspondant d'un journal anglais fait connaître que l'Allemagne peut encore pendant quinze jours essayer à percer le front russe, mais que, passé ce délai, 1.200.000 recrues russes de la classe 1914 arriveront sur le front.

On confirme que les troupes russes sont entrées en Transylvanie, les Autrichiens ayant évacué hâtivement toute la Bukovine.

En Turquie. — Les nouvelles de grande défaite turque sont arrivées à Constantinople, la population commence à montrer une vive agitation. La police militaire allemande, établie à Stamboul s'est retirée.

Le destroyer turc « Peik-J-Chefket » a été mis hors de combat par la flotte russe de la mer Noire, il a été ramené dans le Bosphore par deux autres bateaux, sa coque est percée de coups de canon.

Il se confirme que la flotte russe a bombardé Sinope, dans la mer Noire, et a coulé tous les navires qui se trouvaient dans le port.

En Roumanie. — En vue d'une entrée en campagne éventuelle des armées roumaines les autorités militaires s'occupent de l'organisation des hôpitaux et ambulances.

En Italie. — Un corps d'armée allemand est arrivé sur la frontière italienne, les Autrichiens fortifient les villes du Trentin, de gros canons ont été amenés d'Innsbruck et des plates-formes en ciment ont été construites.

Un correspondant du « Temps » télégraphie de Milan: « J'apprends de source sûre qu'un accord est intervenu entre l'Italie et la Serbie au sujet d'un débouché de cette dernière dans l'Adriatique ».

Documents historiques, récits et anecdotes

Comment un aviateur français et un capitaine anglais échappèrent aux Turcs. — La façon dont un capitaine anglais et son pilote français échappèrent à la mort dans un récent accident d'hydravion qui se produisit dans la région du Sinaï tient, en quelque manière, du miracle.

Le moteur, à plusieurs reprises, avait eu des ratés; il s'arrêta tout à coup; l'appareil se trouvait alors à quelque 20 milles à l'intérieur des terres. Le pilote descendit en vol plané; mais, au moment d'atterrir sur un rocher, il fut projeté en avant et tomba sur la tête. L'observateur, retenu dans l'hydravion, commençait à se demander s'il n'était pas destiné soit à être capturé soit à mourir de faim, lorsque le pilote, qu'il croyait mort et qu'il voyait gisant à ses pieds, manifesta en se débattant qu'il n'était qu'étourdi. Bientôt après, il put dégager son compagnon; et tous deux se dirigèrent vers la mer.

Mais la marche était lente et difficile; le Français avait éprouvé une violente commotion et était obligé de s'arrêter tous les 200 mètres. Les deux hommes mirent quatre heures pour faire cinq milles. Le capitaine laissa donc son pilote dans l'abri le meilleur qu'il put trouver, et poursuivit son chemin jusqu'à la mer, distante encore de 15 milles; il l'atteignit après quatre nouvelles heures, mais pour constater que le navire de guerre qui devait le prendre à bord avec son compagnon n'était plus en vue.

Il se coucha sur le rivage et s'endormit. A son réveil, le navire était de retour. Le capitaine put attirer l'attention par des signaux et il fut pris à bord. Le lendemain, un détachement de marins vint à terre et se mit à la recherche du pilote. Ils ne virent qu'une petite troupe ennemie qui s'enfuit à leur approche; du pilote, pas de trace.

Le soir, le rivage fut exploré par les projecteurs; et l'on entendit un appel. Une partie du détachement se porta dans cette direction, quand il revint, il ramenait le pilote.

Il semble qu'à la suite de cette commotion, le Français ait dormi longtemps, et qu'ensuite il ait fait tous ses efforts pour atteindre la côte. Arrivé là, il s'endormit de nouveau; mais, la nuit tombée, les projections se promenèrent sur son visage et l'éveillèrent.

Un sosie de M. Poincaré arrêté par les Allemands. — Au moment de la ruée des Prussiens sur Paris, la Fère-Champenoise fut envahie par la horde. Des officiers d'état-major occupèrent l'hôtel de ville. Soudain, ils s'immobilisèrent, médusés. Devant eux, visage souriant, s'avançait un personnage auguste: le secrétaire de la mairie, qui ressemble étrangement au président Poincaré.

Les officiers crurent se trouver en présence du Président de la République. Ils télégraphièrent, téléphonèrent aux quatre points cardinaux. Le kromprinz lui-même fut avisé de cette importante capture. Cependant, un officier supérieur eut vite fait de s'apercevoir de la méprise. Le malheureux secrétaire de la mairie paya les pots cassés: il fut fait prisonnier!

Dépêches officielles

Premier Communiqué

Au sud d'Ypres, nous avons endommagé les tranchées de l'ennemi et réduit au silence ses minenwerfer.

Dans la région d'Arras et dans celle d'Amiens, combats d'artillerie avec avantage marqué pour nos batteries. Dans la région de Soupir, nous avons très brillamment enlevé hier matin la cote 132. A trois reprises, dans la journée, l'ennemi a contre-attaqué violemment: il a été chaque fois repoussé. Notre gain représente trois lignes de tranchées allemandes sur un front de 600 mètres. L'ennemi n'ayant pu reprendre ce qu'il avait perdu a bombardé Soissons et incendié le palais de justice.

Au sud de Laon et de Craonne, notre artillerie a démoli un baraquement contenant des mitrailleuses, réduit au silence l'artillerie ennemie et bouleversé des tranchées.

Dans la région de Perthes, l'ennemi a prononcé une attaque à laquelle nous avons immédiatement répondu par une contre-attaque. Celle-ci nous a permis non seulement de conserver nos positions à la cote 200 (ouest de Perthes), mais encore de nous emparer de 400 mètres de tranchées ennemies entre la cote 200 et le village de Perthes. En outre une attaque directe prononcée par nous sur Perthes en même temps que nous contre-attaquions sur la cote 200 nous a rendus maîtres du village; nous nous y sommes installés et nous avons progressé au delà des lisières; notre gain total de ce côté est de plus de 500 mètres en profondeur.

Sur tout le front, entre Reims et l'Argonne, notre artillerie a infligé à l'ennemi des pertes sensibles attestées par les prisonniers.

Dans l'Argonne, nous avons subi sur notre droite une vive attaque ennemie à laquelle nous avons répondu par une contre-attaque qui nous a ramenés au point de départ.

En Woëvre, au nord-ouest de Flirey, dans le bois d'Ailly et dans le bois Le Prêtre, légers progrès.

Dans la région de Cernay, nous avons maintenu nos positions; plus au sud, l'ennemi, très renforcé, a réoccupé Burnhaupt-le-Haut au prix de fortes pertes.

Deuxième Communiqué

Au nord de Soissons, nos progrès d'hier ont été maintenus. Un nouveau retour offensif allemand a été repoussé ce matin.

Les tranchées conquises entre Perthes-les-Hurlus et la

cote 200 ont été vivement contre-attaquées. L'ennemi a été complètement refoulé après avoir subi de fortes pertes.

Sur le reste du front, rien à signaler.

10 JANVIER 1915

Violents combats vers Beauséjour et Boureilles. — Bataille de Karaourgan entre Turcs et Russes. — Les Allemands attaquent les Russes à Soukha (Pologne).

Situation des armées sur le front occidental

Dans la journée d'hier, comme les jours précédents, nous avons un peu progressé sur une grande partie du front. Nous sommes tellement habitués à nos petits progrès qu'il ne nous semble plus qu'une avance considérable soit réalisable et que nous n'entrevoyons les grandes batailles qui se livreront au moment de l'offensive générale qu'avec une certaine crainte.

Sur toute la partie du front de la mer jusqu'à l'Oise il n'a été livré que des combats d'artillerie et le gros effort paraît s'effectuer maintenant vers Soissons et autour de Reims. L'ennemi s'acharne à vouloir reprendre les positions qu'il a perdues au nord de Soissons et comme il ne peut pas y parvenir il continue, comme la veille, à bombarder la ville. Autour de Reims un duel d'artillerie particulièrement violent semble être le prélude de combats d'infanterie qui seront non moins violents.

Nous avons progressé à l'ouest et au nord de Beauséjour.

Pendant que nous organisions autour de Perthes les positions que nous avions conquises la veille nous avons été attaqués à l'ouest de cette localité par des forces allemandes qui ont été repoussées.

A Boureilles, en Argonne, nous avons eu à résister à un effort violent de l'ennemi qui voulait réoccuper un mamelon situé à l'ouest de la localité, il n'a pu y parvenir.

En Alsace, un calme relatif a succédé aux violents combats des jours précédents. Il résulte de renseignements privés que la reprise de Burnhaupt-le-Haut par les Allemands a été effectuée par des forces considérables devant lesquelles nos troupes n'ont reculé qu'après leur avoir fait subir des pertes sensibles. L'effectif d'une brigade allemande aurait été anéantie, nous n'avons subi que peu de pertes notre retraite s'étant effectuée en bon ordre sous le couvert du feu de notre artillerie. Il est à présumer que nous nous trouvons en présence d'une action isolée et non d'une action d'ensemble en Haute-Alsace.

F. B.

Nouvelles diverses publiées par les journaux

— Un télégramme de Dunkerque fait connaître qu'aujourd'hui, 10 janvier, une douzaine d'avions allemands ont survolé Dunkerque et les environs et ont jeté une trentaine de bombes qui n'ont causé que peu de dégâts.

— On annonce, sous toutes réserves, que les rapports seraient assez tendus entre les rois de Bavière et de Saxe, des incidents se seraient en outre produits à Stuttgard, à Carlsruhe et à Dresde.

— La ville espagnole de Soler (Iles Baléares) vient d'adresser à la croix-rouge française une quantité considérable de caisses d'oranges pour les blessés de la guerre actuellement dans les hôpitaux français.

— Un aéroplane autrichien vient de survoler Cettigne

(Monténégro), il a lancé des bombes dont une a détruit une maison particulière.

En Russie. — On ne signale aucun changement sur l'ensemble du front de bataille en Pologne russe, un combat acharné se livre dans la région de la métairie de Moghely.

Un correspondant du « Daily Chronicle » prétend que dans la nuit du 1er au 2 janvier, au cours des combats qui ont été livrés, les Allemands ont laissé sur le terrain 30.000 morts et que 80.000 tués et blessés sont tombés dans leurs lignes. En admettant même que ces chiffres soient exagérés, ils indiquent la violence de la bataille.

Il se confirme que l'aile gauche de l'armée russe a traversé la Bukovine et que l'avant-garde a franchi la frontière de Transylvanie.

On apprend de Venise par un ouvrier qui arrive de Vienne que deux russes ont réussi à faire sauter un pont de chemin de fer dans la banlieue de la capitale, ils ont été arrêtés.

On estime à 585.000 hommes le contingent de la classe 1915, en Russie, les conseils de revision sont convoqués du 15 janvier au 15 février.

En Turquie. — La cavalerie russe, qui poursuivait le 10e corps d'armée, l'a rejoint le long de la vallée d'Olty et l'a anéanti en quelques heures, on estime les pertes turques à 50.000 hommes.

Une grande activité règne en Syrie pour la préparation de la marche contre l'Egypte; le général allemand von Falkenberg, commandant en chef de cette armée est arrivé à Damas. Le commandant turc Djemal pacha aurait dit: « N'avons-nous pas assez d'Allemands qui commandent à Constantinople sans que celui-ci vienne diriger nos affaires ».

En Italie. — Le comte Berchthold, ministre des affaires étrangères autrichien, a adressé à M. Sonnino, ministre italien des affaires étrangères une protestation contre l'occupation de Vallona. M. Sonnino a répondu en termes énergiques.

Documents historiques, récits et anecdotes

Comment un de nos fantassins s'est emparé seul d'une tranchée allemande. — Les habitants du Mans viennent de faire une réception enthousiaste à un jeune soldat du 153e d'infanterie, nommé Thorel, originaire de la Seine-Inférieure, qui, blessé, est en traitement dans un des hôpitaux de la ville. Thorel a, en effet, accompli, une héroïque prouesse, qu'il a d'ailleurs lui-même racontée, à sa descente du train, au général Faurie, commandant le 4e corps d'armée, venu à la gare lui apporter ses félicitations personnelles. En voici le récit :

« C'était en novembre à X..., à 8 kilomètres d'Ypres. Il s'agissait pour le 153e de reprendre le terrain perdu par nous les jours précédents. Une première attaque avait déjà réussi, et une seconde était commencée, quand on s'aperçut que la difficulté du terrain rendait la chose moins périlleuse la nuit.

« Thorel qui était au premier rang, n'entendit pas l'ordre donné de se retirer et il continua à aller de l'avant, croyant être suivi par ses camarades.

« Il arrive ainsi au pied d'une tranchée inhabitée, dans laquelle il se glisse sans être remarqué. Il se retourne et se voit seul, à sa grande surprise. Alors, il s'oriente, il distingue les Allemands à 25 mètres de là, dans la tranchée suivante, allant et venant. Il se fait vite un abri pour tirer, un créneau pour poser le fusil et vise un Allemand qu'il descend. Les ennemis, surpris, se montrent : il en abat un deuxième. Alors, une fusillade lui répond. Thorel riposte à chaque fois que le feu se fait moins violent. Déjà, il a brûlé les trois quarts de ses deux cent vingt cartouches, quand les Allemands, croyant la tranchée fortement occupée, s'enfuirent dans la suivante, non sans perdre encore quelques-uns des leurs, tués par les balles du courageux soldat.

« Le lendemain, leur tranchée était occupée par les Français qui y trouvèrent des armes, des munitions et des tentes dont les toiles étaient pleines de sang, preuve de l'ardeur de la lutte.

« Grâce à ce beau fait d'armes, nos troupes avaient pris sur l'ennemi, un sérieux avantage, qui ne se démentit plus. Quant à Thorel, il reçut la juste récompense de sa valeureuse conduite: sur sa poitrine brille la médaille militaire, qu'y a épinglée récemment le général Joffre. » — (*Du Petit Journal*).

Dépêches officielles
Premier Communiqué

De la mer jusqu'à l'Oise, duels d'artillerie.

Sur l'Aisne, dans la région de Soissons, l'ennemi n'a pu, malgré de nombreuses attaques, reprendre les tranchées qu'il avait perdues hier. A la fin de la journée il a de nouveau bombardé Soissons.

En Champagne, de Reims à l'Argonne, notre artillerie a très efficacement tiré sur les tranchées allemandes, dispersant en plusieurs points des groupes de travailleurs. Les positions que nous avons conquises à Perthes et autour du village ont été organisées; une contre-attaque ennemie à l'ouest de Perthes a été repoussée. Aux abords de la ferme de Beauséjour nous avons réalisé un double progrès en gagnant du terrain à l'ouest et en nous emparant d'un fortin vers le nord.

En Argonne, l'ennemi a bombardé la région du Four-de-Paris; nous avons riposté et détruit un blockhaus allemand. L'effort de l'ennemi s'est porté sur la cote 263, à l'ouest de Boureilles; toutes nos positions ont été maintenues.

Entre Argonne et Meuse, rien à signaler.

Sur les Hauts-de-Meuse, dans la forêt d'Apremont, une attaque ennemie a été arrêtée par le feu de notre artillerie.

Dans les Vosges, au nord-ouest de Wattwiller (région de Thann), nous avons également repoussé une attaque.

Deuxième Communiqué

La nuit dernière, en Champagne, deux contre-attaques allemandes, l'une au nord de Perthes, l'autre au nord de Beauséjour, ont été refoulées.

En Argonne, deux petites attaques ennemies ont échoué, à Fontaine-Madame et à Saint-Hubert; vive fusillade vers la cote 263 (ouest de Boureilles) et sur le ruisseau de Meurissons, mais pas d'attaques.

Nuit calme sur tout le reste du front.

---

11 JANVIER 1915

Un zeppelin et des avions allemands survolent Calais. — Violents combats à La Boisselle et à Beauséjour. — Avance des Français au nord de Perthes.

Situation des armées sur le front occidental

Les communiqués officiels d'aujourd'hui ne nous parlent que de duels d'artillerie dans toute la région du Nord ce qui semble indiquer que les petits combats signalés dans les dunes par des correspondances privées n'ont pas une importance suffisante pour qu'ils méritent d'être signalés.

Les Allemands manifestent paraît-il une activité très grande dans l'intérieur de la Belgique et on ne serait pas loin de croire qu'ils attendent le beau temps pour faire une nouvelle tentative entre Dixmude et la mer. Leur flotte aérienne fait beaucoup parler d'elle dans le nord et on prétend que la démonstration d'une douzaine d'avions sur Dunkerque et ses environs, le 10 janvier, n'est qu'un accessoire d'une grosse tentative aérienne sur Douvres qui a dû être abandonnée par suite d'un état atmosphérique défavorable. La flottte aérienne allemande dont une partie a jeté des bombes sur Dunkerque se composait de 16 avions et de 3 zeppelins. Le 9 au soir elle a été aperçue se dirigeant sur Douvres et le 10 au matin 16 aéroplanes ont été vus survolant la Manche.

Au nord de Soissons, de violents combats se sont encore livrés dans la journée d'hier; nous paraissons vouloir progresser dans cette région et nous emparer d'une position importante, les Allemands résistent énergiquement surtout autour du point indiqué par les télégrammes officiels sous la dénomination « éperon 132 ».

Vers Reims ce sont les duels d'artillerie qui dominent, la ville reçoit toujours quelques obus.

En Champagne, vers Perthes, Souain et Beauséjour, nous progressons toujours un peu, malgré les contre-attaques ennemies. Au nord de Perthes, nous avons encore enlevé hier une ligne de tranchées ennemies.

Dans les Vosges et en Alsace, une chute abondante de neige a momentanément arrêté les opérations. Les Allemands se renforcent afin d'éviter à tout prix la chute de Cernay et surtout de Mulhouse, ces deux villes paraissent sérieusement menacées. Ils ont fortement organisé Altkirch qui est une position importante dominant la plaine.

F. B.

Nouvelles diverses publiées par les journaux

— Près d'Amiens, un avion allemand a été poursuivi le 10 janvier par un de nos Moranes et abattu. Un des officiers qui le montait a été tué, l'autre blessé.

— L'aviateur français Lucien Couffin, a fait une chute mortelle à Mailly près de Sens, le 8 janvier, une rafale de vent ayant poussé son appareil sur un noyer très élevé.

— Deux avions allemands ont tenté de venir sur Paris,

aujourd'hui même, l'un suivait la direction Montdidier-Pontoise, l'autre Dammartin, l'escadrille des avions parisiens les a poursuivis et ils ont rebroussé chemin.

— On annonce d'Amsterdam que deux officiers français se sont évadés dans la nuit du 8 janvier du fort de Zinnast à Torgau.

— Le général Five et le lieutenant Gille, tous deux belges, ont été condamnés à un emprisonnement perpétuel par le conseil de guerre de Liège, sous l'inculpation de haute trahison.

— Le lieutenant Quentin, en captivité à Halle (Prusse) s'étant avisé de se plaindre que des officiers allemands chargés de changer son argent français en argent allemand l'avaient filouté, a été condamné par le conseil de guerre à 6 mois de prison.

— Un lieutenant prussien fait prisonnier dernièrement, vient d'être interné à la prison du Cherche-Midi (Paris) en prévision de conseil de guerre.

— Un journal d'Amsterdam apprend que le nonce du pape, à Bruxelles, a écrit au cardinal Mercier pour l'inviter de s'abstenir désormais de froisser les sentiments allemands dans ses lettres pastorales.

L'archevêque de Trente a adressé un mandement au clergé pour l'inviter à faire bon accueil aux Allemands qui doivent arriver prochainement dans le Trentin.

— La flotte anglaise vient d'être renforcée de 25 croiseurs auxiliaires pris parmi la marine de commerce britannique. Le transatlantique « Alsation » battra pavillon de l'amiral Dudley de Chair.

En Russie. — Les combats continuent en Pologne, les adversaires maintiennent leurs positions respectives. La garnison de Przemysl a effectué une sortie qui a été repoussée, les lignes d'investissement se resserent de plus en plus.

La Russie a envoyé à la Serbie des canons de gros calibre par le navire danubien « Ignatief », ainsi que des armes et des munitions.

Roumanie. — On annonce de Bucarest que trois classes de réserves seront convoquées vers le 25 janvier et trois autres classes six jours après.

D'autre part, que 325 soldats autrichiens ayant passé la frontière roumaine ont été aussitôt désarmés.

Italie. — Une note officieuse du gouvernement italien annonce que l'incident d'Hodeidah a été résolu, suivant les exigences formulées par l'Italie à l'égard de la Turquie.

Documents historiques, récits et anecdotes

Un général et un lieutenant belges condamnés à la détention perpétuelle. — Une dépêche de Bruxelles au *Telegraaf* annonce que deux officiers belges, le général en retraite Gustave Five et le lieutenant Gille, ont été condamnés à un emprisonnement perpétuel par le conseil de guerre de Liège, devant lequel ils comparaissaient sous l'inculpation de trahison.

Ils étaient accusés, d'une part, d'avoir aidé des volontaires belges à franchir la frontière hollandaise pour rejoindre les armées alliées; d'autre part, d'avoir tracé des cartes représentant les fortifications que les Allemands exécutent actuellement dans la vallée de la Meuse.

Quand on demanda au général Five s'il était vrai qu'il eût aidé trente-cinq volontaires à franchir la frontière, il répondit: « C'est exact. J'en ai même aidé 350 », et il ajouta: « Je demande au conseil de guerre de me condamner à mort, afin de ne pas être envoyé dans une forteresse allemande. »

Le général Gustave Five a été transporté à Glatz.

Quatre civils, poursuivis sous le même chef d'accusation, ont été condamnés à des peines de prison variant de 3 à 5 ans. — (*Information*).

Le kaiser et la jeune lorraine. — Une commerçante de Longwy, qui a pu quitter cette ville et que l'agence d'informations a pu interviewer, a conté, entre autres, l'anecdote suivante:

« En septembre, le kaiser, venant de Luxembourg, s'arrêta à Bazeilles, près de Longwy. Visant une fort jolie fille du pays, le caprice lui vint de se faire photographier avec elle. Après quoi il demanda à la jeune Lorraine ce qu'elle désirait pour le prix de sa complaisance. Celle-ci répondit: « Que Bazeilles ne soit pas incendié. » Le kaiser signa un ordre dans ce sens, et depuis, toutes les fois que ce village a été menacé, le talisman a été souverain. »

Dépêches officielles

Premier Communiqué

De la mer à la Lys: canonnade intermittente et peu intense.

Dans la région d'Ypres, notre artillerie a contrebattu efficacement celle de l'ennemi et réussi des tirs bien réglés sur les tranchées allemandes.

De la Lys à l'Oise: dans la région de la Boisselle, nos troupes se sont emparées d'une tranchée après un violent combat.

Au nord-est de Soissons, sur l'éperon 132, elles ont repoussé, hier, une attaque allemande, puis ont attaqué à leur tour et ont enlevé deux lignes de tranchées ennemies sur un front d'environ 500 mètres, prolongeant vers l'est les tranchées conquises le 3 janvier et assurant la possession entière de l'éperon 132.

Sur l'Aisne et en Champagne jusqu'à Reims, duels d'artillerie.

De Reims à l'Argonne, notre artillerie a bombardé les tranchées ennemies de première ligne et les abris des réserves.

Au nord de Perthes, après avoir refoulé les contre-attaques signalées hier soir, nous avons progressé en gagnant une ligne de 200 mètres de tranchées.

Au nord de Beauséjour, l'ennemi s'est acharné à reprendre le fortin qu'il avait perdu; ses contre-attaques étaient fortes chacune de deux bataillons, la seconde en formations serrées; elles ont été toutes deux repoussées après avoir été très fortement éprouvées.

En Argonne, quelques petits engagements; notre front a été maintenu.

Entre Meuse et Moselle, journée calme.

Dans les Vosges, chute abondante de neige; quelques obus sont tombés sur Vieux-Thann et la cote 425.

Deuxième Communiqué

Aucune modification n'est signalée dans la situation.

---

12 JANVIER 1915

Attaque de l'éperon 132 au nord de Soissons par les Allemands. — Violentes attaques allemandes au bois de Consenvoye et au bois Bouchot. — Les Français surprennent une compagnie allemande à Saint-Sauveur.

Situation des armées sur le front occidental

Si la boue et la pluie rendent tout mouvement général d'offensive presque impossible, en raison des difficultés de transport de l'artillerie et des munitions, et de la marche de l'infanterie dans des terres détrempées, nous sommes obligés de reconnaître que nos troupes ne restent pas inactives puisqu'on se bat un peu partout et que nous conservons l'initiative des opérations sur l'ensemble du front.

En Belgique, les communiqués officiels ne signalent encore aujourd'hui aucune opération importante d'infanterie mais seulement une canonnade intermittente. Les lignes se renforcent cependant de part et d'autre et deux régiments belges se sont avancés il y a deux jours entre Lombaertzyde et la mer pour renforcer les troupes alliées qui y étaient précédemment établies. Il résulte de renseignements particuliers que les Allemands ont créé une nouvelle base aérienne en Flandre, à Ghistelles, au sud-est d'Ostende; quinze hangars ont été construits et c'est de ces hangars qu'est partie la flotte aérienne qui a opéré les 9 et 10 janvier sur la côte.

Si le calme règne sur le front de la mer du Nord à l'Aisne, au nord de Soissons les combats sont de plus en plus violents et mouvementés, jusqu'à présent les fréquents retours offensifs de l'ennemi ont été repoussés.

Une véritable bataille s'est livrée près de Perthes, à la ferme de Beauséjour où les Allemands ont réussi à progresser légèrement sans nous faire abandonner tout le terrain conquis les jours précédents.

Une compagnie allemande qui s'était introduite dans le village de Saint-Sauveur, près de Cirey-sur-Vezouze a été dispersée avec de fortes pertes.

En Alsace, la neige continue de tomber et tous les mouvements de troupe deviennent impossibles. Burnhaupt-le-Haut est toujours entre les mains des Allemands mais lorsque le temps sera favorable, il est à prévoir qu'il sera repris par nos troupes qui ont été considérablement renforcées.

F. B.

Nouvelles diverses publiées par les journaux

— Les Chambres françaises se sont réunies aujourd'hui, 12 janvier à 2 heures, en session ordinaire de 1915. Des discours patriotiques ont été prononcés, à la Chambre, par M. de Mackau, et au Sénat par M. Belle, doyens d'âge. Les présidents ont été réélus à la presque totalité des suffrages.

M. Deschanel à la Chambre, M. Antonin Dubost au Sénat. La session durera plusieurs jours.

— M. Millerand, ministre de la guerre, vient de recevoir d'un généreux donateur, à titre de don anonyme, une somme de 4.000 francs pour être employée aux œuvres de défense nationale.

— Un soldat qui se trouve dans les environs de Suippes vient d'écrire à sa famille que, le 25 décembre, son régiment en occupant une tranchée a fait prisonniers vingt Allemands et que ceux-ci étaient enchaînés à leurs mitrailleuses. Cet acte indique la mentalité des hommes et des officiers.

— De nombreux prêtres belges refusent de retirer de la circulation la lettre pastorale du cardinal Mercier, ils déclarent qu'ils n'obéiront pas au gouvernement allemand.

— Des troubles ont eu lieu à Berlin, ils ont été causés par la rareté des communiqués officiels; la foule à laquelle on avait promis des bulletins de victoire s'est amassée devant le palais du grand état-major, pendant les fêtes de Noël et du jour de l'an. Des agents ont été obligés d'intervenir pour mettre fin à ces manifestations.

En Russie. — De nouvelles attaques allemandes sur la rive gauche de la Vistule ont été repoussées, notamment à Samice où l'ennemi a subi de grosses pertes. On croit de plus en plus que les Allemands vont renoncer à une marche directe sur Varsovie.

Il se confirme que toute la Bukovine est au pouvoir des Russes. Des milliers de fugitifs se dirigent sur Buda-Pest et Vienne par la Bistritza, l'unique voie qui soit encore au pouvoir des Autrichiens.

Une mission extraordinaire conduite par le général Tatincheff vient d'arriver à Nisch, elle est chargée de remettre au roi de Serbie l'ordre de Saint-André que le tsar lui a conféré.

En Turquie. — L'action engagée dans le Caucase contre les débris de l'armée turque se poursuit dans la région de

Karaourgan dans des conditions excellentes pour l'armée russe.

On annonce que la flotte russe de la mer Noire a reçu l'ordre de se diriger vers le Bosphore. Les officiers allemands sont très inquiets, ils prétendent que l'entrée de la flotte alliée dans les Dardanelles pourrait entraîner le massacre des chrétiens à Constantinople.

Documents historiques, récits et anecdotes

Le récit d'un évadé. — J'ai interrogé aujourd'hui un soldat français. Il s'est évadé du camp de Wesel-Friedrichsfeld. Parti avec trois camarades, il est arrivé en Hollande sans trop de souffrances, mais au milieu de mille périls et voici ce qu'il m'a raconté :

« Les prisonniers de Friedrichsafen sont traités fort rudement. Ils doivent faire l'exercice de 8 heures du matin à 11 heures et de 1 heure à 4 heures. Ce sont pour la plupart des territoriaux de trente-huit à quarante-trois ans, **soldats pris à Maubeuge**.

« Ces mouvements de bras et ces marches inutiles par tous les temps ne seraient pas sans résultats utiles pour eux s'ils pouvaient manger à leur faim. Malheureusement la nourriture est tout à fait insuffisante. Le matin, à 8 heures, distribution de tisane d'orge brûlée sans pain. A midi, une portion de pain noir et de rata. La portion de pain pèse environ trois cent grammes ; c'est une tranche de deux doigts. Le rata est composé tantôt de choucroute, tantôt de riz, tantôt de haricots avec un peu de lard ou de viande. Chaque homme a une bouchée de viande, mais comme le cuisinier n'a pas assez de charbon, rien n'est cuit. La choucroute est immangeable.

« Le reste est toujours insuffisant, tous les prisonniers sont affamés et comme on ne permet pas aux prisonniers de disposer de tout leur argent, les suppléments de la cantine ne suffisent pas davantage. Ceux qui n'ont pas d'argent s'affaiblissent affreusement, il en est qui fouillent les boîtes d'ordures où on jette les détritus pour les porcs et qui cherchent le riz encore mangeable, car il n'y a que cette distribution par jour et on doit attendre jusqu'au lendemain à midi. La discipline est extrêmement dure, à la moindre faute on est puni.

« La punition unique consiste à être attaché à un poteau sur lequel est clouée à 1 mètre 25 du sol environ une traverse en croix. Les hommes sont attachés à ce poteau les bras en arrière de la traverse et liés au dos par une chaîne que ferme un cadenas. Ils restent là des heures entières par tous les temps. Au bout de deux heures, les membres sont brisés et la pluie ou la température glaciale font de ce supplice une des plus abominables tortures qu'on puisse imaginer.

« Voilà comment en Allemagne les défenseurs de la haute kultur traitent les prisonniers de guerre.

« Un loustic de café-concert a même fait une chanson qu'il vend deux sous aux prisonniers et le soir on la chante en chœur dans le baraquement. Ce n'est pas Béranger, mais en voici quelques lignes:

> Les p'tits, les minc's et les gros,
> On voit danser les bons biffins,
> Tout à côté des marsouins.
> On vous place un gros poteau
> De dix centimètr's derrièr' l'dos
> Une chaînette retient vos mains,
> Il paraît que c'est plus gandin,
> Y a même une barrette en travers
> Et un beau cadenas en fer.

« Un dernier détail: les poteaux sont près de la route et les passants insultent les malheureux qui y sont enchaînés. »

Dépêches officielles

Premier Communiqué

De la mer à l'Oise, canonnade intermittente assez violente en quelques points.

Sur l'Aisne, au nord de Soissons, des combats très mouvementés ont été livrés autour des tranchées conquises par nous le 8 et le 10 janvier. L'ennemi a prononcé, au cours de la journée d'hier, plusieurs retours offensifs que nous avons repoussés et nous avons gagné de nouveaux éléments de tranchées.

De Soissons à Reims, duels d'artillerie. Nos pièces lourdes ont contrebattu efficacement les batteries et les minenwerfer (lance-bombes) des Allemands.

En Champagne, dans la région de Souain, tir très précis de notre artillerie sur les positions adverses. Près de Perthes, le fortin situé au nord de la ferme de Beauséjour a été le théâtre d'une lutte acharnée. L'ennemi est parvenu à établir une tranchée à l'intérieur de l'ouvrage dont nous conservons le saillant. La lutte continue.

En Argonne et jusqu'à la Meuse, rien à signaler.

Sur les Hauts-de-Meuse, deux attaques allemandes, l'une au bois de Consenvoye, l'autre au bois Le Bouchot, ont été repoussées.

Au sud-est de Cirey-sur-Vezouze, un de nos détachements a surpris et mis en fuite une compagnie allemande qui pillait le village de Saint-Sauveur.

Dans les Vosges et en Alsace, journée calme. Le mauvais temps et la tempête de neige continuent.

Deuxième Communiqué

Au nord-est de Soissons, l'ennemi a, toute la nuit, bombardé violemment nos positions sur le plateau de Perrières et sur l'éperon 132; il a prononcé aujourd'hui, pour reprendre ce dernier point, une attaque importante, dont le résultat n'est pas encore connu.

Aucun autre fait notable n'est signalé.

---

13 JANVIER 1915

Le combat continue au nord de Soissons. — Les Allemands engagent une bataille avec des effectifs considérables. — Le combat continue entre Russes et Turcs à Karaourgan. — Les Turcs occupent Tabriz en Perse. — Démission du comte Berchtold, ministre des affaires étrangères d'Autriche.

Situation des armées sur le front occidental

Depuis trois jours, les communiqués officiels ne signalent aucune opération militaire dans la région du nord. Hier, une tempête de sable a sévi dans les dunes, au bord de la mer, rendant presque impossible le séjour dans les tranchées. Les hommes étaient obligés de s'abriter pour ne pas être recouverts entièrement par la nuée aveuglante de sable qui s'abattait continuellement sur eux.

Une véritable bataille est engagée sur la rive droite de l'Aisne, au nord de Soissons, le combat a été très dur autour de l'éperon 132, mais nous avons réussi à nous y maintenir. Les Allemands paraissent vouloir engager dans la lutte des forces importantes, nos mouvements de troupes sont gênés par une crue soudaine de l'Aisne et les ponts ont été enlevés par le courant, vers l'est nos troupes ont été obligées de se retirer la lutte n'a cessé qu'à la nuit.

A l'est de Reims, à la ferme de Beauséjour nous nous sommes maintenus sur un des saillants du fortin, l'ennemi occupe l'autre. Des tranchées ont été construites de part et d'autre, ces tranchées ne sont séparées que par une distance de soixante-mètres.

Sur tous les autres points on ne signale que des duels d'artillerie.

Un journal allemand, « La Gazette de Cologne » reconnaît que l'offensive des troupes allemandes sur le front occidental a été brisée et qu'elles sont désormais contraintes à rester sur la défensive. Il écrit: « Il y a des politiciens de brasserie qui ne se rendent pas compte que la guerre des positions est infiniment difficile dans l'ouest. Ils jugeraient autrement s'ils devaient passer quelques jours avec nous et ils ne hausseraient plus les épaules quand l'état-major dit: « Rien de nouveau en Flandre, nous ne pouvons plus « avancer, l'eau nous en empêche ». Attaquer n'est pas tout, on ne tire pas avec des petits pois et la vie humaine vaut bien quelque chose. »

F. B.

Nouvelles diverses publiées par les journaux

— Il se confirme que le cardinal Mercier est gardé militairement par les Allemands dans son palais épiscopal, Le Pape a protesté en termes énergiques contre les atteintes portées à la liberté du cardinal. On est très curieux de connaître l'attitude que va prendre l'Allemagne.

— Un combat aérien vient de se dérouler près d'Amiens. L'aviateur Gilbert a descendu un taube dans lequel se trouvait le capitaine von Falkenhayer, fils du ministre de la guerre allemand. Le capitaine a été tué d'une balle au cœur et le pilote quoique blessé resta suffisamment maître de sa direction pour atterrir dans les lignes françaises.

— On annonce de Bâle qu'un train militaire allemand qui voyageait tous feux éteints a pris en écharpe un autre train à Batilly, en Lorraine. Dix-neuf soldats et deux employés ont été tués et quarante soldats blessés.

— On signale que le 10 janvier un avion allemand a jeté deux bombes sur Béthune, les bombes sont tombées sur le terrain de manœuvres sans faire de victime. Le même jour un autre avion a survolé Villers-Cotterets (Aisne) et a jeté deux bombes incendiaires dont une est tombée sur un wagon-fourgon et l'autre sur la toiture d'une maison appartenant à M. Roux.

— Ce matin, 13 janvier un taube a essayé de survoler Belfort mais il a été pourchassé par deux avions français, il s'est enfui dans la direction de la Suisse.

— On signale d'Amsterdam qu'un incendie s'est déclaré à Merxem, près d'Anvers, où il y a un grand dépôt de pétrole. L'incendie a été causé, paraît-il, par une bombe lancée par un avion.

— On télégraphie de Pétrograd que le croiseur allemand « Bremen » est arrivé très endommagé à Wilhemshaven. Il arrive de la côte du Chili.

— Une nouvelle sensationnelle vient d'être rendue officielle: le Comte Berchtold, ministre des affaires étrangères d'Autriche a donné sa démission qui a été acceptée par l'Empereur. Son successeur est le baron Stephen Burian, ministre hongrois.

— Un terrible tremblement de terre a été ressenti dans toute l'Italie aujourd'hui, 13 janvier, vers 8 heures du matin; les dégâts sont considérables, le nombre des victimes est très grand, plusieurs villes sont détruites.

En Russie. — Des combats très importants ont lieu en Pologne, notamment dans les districts de Borgimow, Gaimine et Wolia où les Allemands ont essayé sans succès de prendre l'offensive.

En Turquie d'Asie. — Une avant-garde turque a pénétré en Perse et a occupé Tabriz.

Documents historiques, récits et anecdotes

Un héros du 142e territorial décoré. — Un capitaine du régiment territorial de Bayonne, un héros, a été décoré à Paris, à la suite du bel exploit que voici: Il y a quelques jours, aux environs de La Bassée, une furieuse charge allemande réussissait à enfoncer un point de la ligne anglaise et à s'emparer d'une tranchée défendue par des soldats indiens, malgré la résistance désespérée opposée par ceux-ci.

Les Allemands triomphant, hurlaient le « Deutschland uber Alles » et amenaient leurs mitrailleuses pour s'installer dans la tranchée, quand le capitaine Salle, du 142e régiment territorial, de Bayonne, s'apercevant de l'imminence du danger, enleva le bataillon qu'il commandait par intérim et le lança à la baïonnette sur les ennemis.

Le choc fut terrible et la mêlée sanglante. Mais tel était l'élan des Bayonnais que les Boches cédèrent, se débandèrent et lâchèrent pied, cependant que nos territoriaux s'installaient à leur place, après leur avoir fait subir des pertes énormes. Le capitaine Salle fut retrouvé vivant, mais grièvement blessé, sous un monceau de cadavres allemands. Il fut transporté à Paris, à l'hôpital militaire du Panthéon, où il a été sauvé.

Le général Joffre ayant décoré ce brave et le général commandant la 183e brigade d'infanterie ayant transmis brevet et insigne à M. Emile Chautemps, sénateur de la Haute-Savoie, qui remplit avec le grade de médecin principal de 2e classe les fonctions de médecin en chef à l'hôpital du Panthéon, l'ancien ministre a effectué au capitaine Salle la remise de la croix qu'il a si bien gagnée.

En présence des officiers et de plusieurs représentants du corps médical réunis dans la salle d'opérations, M. Emile Chautemps, en quelques paroles émues, félicita de sa belle conduite le capitaine Salle. Puis, au moment de se pencher vers le nouveau légionnaire pour épingler la croix à sa chemise d'hôpital, l'ancien ministre se tourna vers le professeur Pozzi, ancien sénateur de la Dordogne, et le pria, en sa qualité de grand-officier de la Légion d'honneur, d'accomplir lui-même cette remise, que le commandant de la 183e brigade regrettait de n'avoir pu effectuer lui-même sur le front des troupes. Le professeur Pozzi prononça à son tour une allocution touchante, qu'il termina en donnant l'accolade au glorieux blessé. Le capitaine Salle, très ému, remercia en quelques paroles qui impressionnèrent profondément l'assistance.

Dépêches officielles
Premier Communiqué

Le mauvais temps persistant a, sur presque tout le front, gêné les opérations.

En Belgique: tempête de sable dans les dunes au bord de la mer. Dans la région de Nieuport et d'Ypres, notre artillerie a efficacement tiré sur les ouvrages ennemis.

Sur l'Aisne, au nord-est de Soissons, le combat autour de l'éperon 132 a été très dur pendant toute la journée; les Allemands y ont engagé des forces très importantes. Nous nous sommes maintenus sur le haut des pentes, à l'ouest de l'éperon; vers l'est nos troupes ont dû céder du terrain; la lutte se poursuit.

Entre Soissons et Berry-au-Bac le tir de notre artillerie a déterminé, en plusieurs points, des explosions au milieu des batteries ennemies.

En Champagne, de Reims à l'Argonne, duels d'artillerie très violents dans la région de Souain; le saillant du fortin, au nord de la ferme de Beauséjour, est toujours entre nos mains et nous y avons établi une tranchée à soixante mètres de la tranchée allemande.

En Argonne: pluie et vent. Aucune action d'infanterie.

De l'Argonne à la Moselle, canonnade intermittente.

Dans les Vosges, brouillard et chute abondante de neige.

Deuxième Communiqué

Au nord-est de Soissons notre contre-attaque a légèrement progressé entre Cuffies et Crouy mais n'a pu déboucher de Crouy; violemment attaquées à l'est de cette localité, nos troupes ont légèrement fléchi aux abords du village de Moncel, qu'elles occupent. Elles tiennent Sainte-Marguerite et Missy-sur-Aisne.

Aucun autre fait notable n'est signalé.

---

14 JANVIER 1915

Devant de grosses forces allemandes et en raison de la crue de l'Aisne, les Français évacuent la rive droite de l'Aisne entre Crouy et Missy, après une bataille acharnée. — Progrès des Russes sur la rive droite de la Vistule (Pologne).

Situation des armées sur le front occidental

On signale aujourd'hui une toute petite opération en Belgique. Des détachements belges ont fait sauter à Stuyvakenskerke une ferme qui servait à l'ennemi de dépôt de munitions. Nul doute que ce soit là une action d'éclat qui, quoique modeste, n'a pas moins un réel mérite. Depuis plusieurs jours la région du Nord a cessé d'être l'objet de notre attention, cette situation est due assurément au mauvais état du terrain mais elle a peut être d'autres causes. Des mouvements de troupes importants ont eu lieu dans cette région et que les effectifs allemands paraissent avoir été augmentés sur certains points où notre offensive devenait inquiétante, notamment en Alsace et dans la région de Soissons.

La bataille qui s'est déroulée au nord et au nord-est de Soissons depuis trois jours n'a pas tourné à notre avantage sans cependant être désastreuse. Les communiqués officiels d'aujourd'hui nous annoncent que sous la pression allemande et en raison de la crue de l'Aisne qui gênait nos communications avec la rive gauche nous avons dû abandonner la rive droite du fleuve. Dans la réalité nous avons été débordés par une attaque allemande faite avec des effectifs considérables, nos troupes n'ont pu être renforcées et réapprovisionnées en munitions par suite de la rupture des ponts de fortune que nous avions sur l'Aisne, rupture due à une crue subite de cette rivière. Notre retraite s'est opérée en bon ordre mais dans des conditions très difficiles, par un seul pont, pendant qu'une batterie d'artillerie se sacrifiait pour couvrir cette retraite.

On signale également des combats de tranchées à Perthes et à Beauséjour, nous avons progressé au nord de Perthes et nous avons maintenu nos positions à Beauséjour.

En Alsace, les brumes et les neiges continuent à empêcher toute opération. Somme toute, nous avons réalisé notre objectif en désorganisant le plan allemand qui était de prendre l'offensive contre Delle (Territoire de Belfort). Nous avons obligé l'adversaire à porter dans la direction de Burnhaupt, afin de résister à notre attaque, toutes les troupes destinées à l'opération sur Delle. C'est un assez beau résultat.

F. B.

Nouvelles diverses publiées par les journaux

— Il résulte des premiers renseignements fournis sur les résultats du tremblement de terre en Italie que les pertes sont de 12.000 tués et de 20.000 blessés.

— On apprend de source sérieuse que les nouveaux

hangars d'aviation de Ghistelles (sud-est d'Ostende) ont été bombardés le 10 janvier par des aviateurs alliés. De la fumée et des flammes se sont produites après le bombardement, ce qui prouve que les bombes ont produit leur effet. Les avions alliés sont revenus sains et saufs.

Deux avions allemands ont survolé Nancy, le 13 janvier au matin, l'un deux a lancé une bombe sur la lampisterie, auprès de la gare. Les canons spéciaux ont tiré sur les avions qui se sont éloignés.

— L'aviateur Gradel s'est tué le 11 janvier, au camp de Saint-Prey, par suite d'un atterrissage brusque dû à la violence du vent. Il avait le crâne fracturé.

— 130 Allemands, dont plusieurs sous-officiers faits prisonniers dans le nord, ont déclaré avoir tué leurs officiers qui voulaient les empêcher de se rendre.

— Un Alsacien de 15 ans, Charles Laurent, originaire de Messerling vient de contracter un engagement pour la durée de la guerre au 68e bataillon de chasseurs alpins, en qualité d'interprète.

— On annonce la mort en Argonne de l'avocat Alziati, volontaire italien qui faisait partie de l'état-major du colonel Peppino Garibaldi.

— Des sous-marins allemands ont été aperçus, dans la nuit du 12 au 13 janvier, à l'entrée du port de Douvres. Ils ont été canonnés et ils ont disparu dans l'obscurité.

En Russie. — Le communiqué de l'état-major signale une progression sur la rive droite de la Vistule inférieure et sur les autres points du front une violente canonnade accompagnée de coups de fusil. Depuis trois semaines, le front n'a pas bougé.

Un aviateur allemand vient de lancer des bombes sur Varsovie causant d'importants dégâts.

En Turquie. — Il résulte de renseignements complémentaires que le combat naval du 6 janvier, dans la baie de Surmène 51 bateaux turcs ont été détruits et que dès la deuxième salve le projecteur du « Breslau » fut brisé. On signale également que pendant les opérations de la flotte turque dans la mer Noire le « Breslau » bombarda par erreur les positions turques de Chopa.

Les troupes turques concentrées en Syrie prennent leurs dernières dispositions en vue de l'attaque de l'Egypte, les autorités anglaises pensent que l'attaque ne se fera pas longtemps attendre. La ligne de défense du canal de Suez est organisée aussi bien que possible.

En Roumanie. — La Roumanie a informé officiellement la Bulgarie que ses préparatifs militaires ne sont pas dirigés contre elle.

Les Hongrois construisent des tranchées en toute hâte le long de la frontière roumaine, des mouvements de troupes ont également lieu.

Documents historiques, récits et anecdotes

A LA CHAMBRE. — SÉANCE DU 14 JANVIER 1915. — DISCOURS DE M. DESCHANEL. — La séance est ouverte à deux heures vingt sous la présidence de M. Deschanel, président.

Cette séance où doit être installé le bureau définitif et où doit être réglé l'ordre du jour, règlement si important dans les circonstances présentes, a provoqué une affluence de députés peu ordinaire.

Au banc des ministres ont pris place MM. Viviani, Ribot, Briand, Delcassé, Guesde, F. David, Jacquier, Dalimier, Thomson, Millerand.

Au milieu de l'attention la plus soutenue, avec la belle éloquence qui lui est habituelle, M. Deschanel a prononcé ce beau discours:

« Mes Chers Collègues,

« Permettez-moi de remercier d'abord notre vénéré doyen et nos chers secrétaires d'âge qui ont ouvert notre session. Nous méditerons les paroles si jeunes et si fortes de M. de Mackau. La France, depuis que l'Allemagne lui a

applaudi le passage relatif à la nécessité d'un contrôle parlementaire.

Dépêches officielles

Premier Communiqué

En Belgique, la brume a gêné le tir de l'artillerie: la canonnade n'en a pas moins été assez violente autour de Nieuport et d'Ypres. Des détachements belges ont fait sauter, au sud-est de Stuyvakenskerke une ferme qui servait de dépôt de munitions à l'ennemi.

Entre la Lys et l'Oise, dans la région de Lens, notre artillerie a dispersé des travailleurs ennemis aux abords d'Angres et bombardé efficacement des abris et des tranchées au sud-est de la Chapelle de Notre-Dame-de-Lorette.

Au nord de Soissons, de violents combats se sont livrés toute la journée; l'action a été localisée sur le terrain comprenant les deux croupes situées au nord-est et au nord-ouest de Crouy, dont nous ne tenions que les premières pentes.

A gauche, notre contre-attaque a légèrement progressé, sans pouvoir, cependant, marquer une avance sensible. Au centre, nous avons maintenu nos positions autour du village de Crouy malgré les efforts répétés de l'ennemi, mais, à l'est, devant Vregny, nous avons dû céder.

La crue persistante de l'Aisne a déjà emporté plusieurs des ponts et des passerelles que nous avions jetés, rendant ainsi précaires les communications de nos troupes; dans ces conditions nous nous sommes établis au sud de la rivière, dans la partie comprise entre Crouy et Missy, avec des têtes de pont sur la rive nord.

Sur le reste du front de l'Aisne, rive droite et rive gauche, simple canonnade.

En Champagne, la région de Perthes a continué à être le théâtre d'actions locales pour la possession des tranchées allemandes de deuxième ou troisième lignes. Au nord de

Beauséjour, nous avons fait sauter des fourneaux de mine pour gêner le travail de l'ennemi; celui-ci, se croyant attaqué, a garni ses tranchées sur lesquelles a été ouvert un feu violent d'artillerie et d'infanterie.

Rien à signaler sur le reste du front.

Deuxième Communiqué

La nuit dernière, nos troupes ont réussi, dans un coup de main, à bouleverser les tranchées récemment construites par les Allemands au nord-ouest de Fouquescourt (nord de Roye).

Les attaques ennemies dans la région de Soissons sont enrayées.

Comme il a été dit dans le communiqué de ce matin, la crue de l'Aisne, en détruisant plusieurs de nos ponts ou passerelles, avait rendu très précaires les communications de nos troupes opérant sur les premières pentes de la rive droite et nous empêchait de leur envoyer des renforts. Telle a été la cause essentielle du repli de ces troupes, qui luttaient dans des conditions difficiles.

Obligés d'abandonner quelques canons, par suite de la rupture d'une partie du pont, nous les avons tous rendus inutilisables.

Des prisonniers ont été faits par les Allemands, notamment des blessés qui, dans le mouvement de repli, n'ont pu être tous évacués. Nous avons fait, de notre côté, un nombre important de prisonniers non blessés appartenant à des bataillons de sept régiments différents.

Il s'agit, en résumé, d'un succès partiel de nos adversaires qui ne saurait avoir d'influence sur l'ensemble des opérations. En effet, en raison de l'obstacle de l'Aisne et des dispositions que nous avons prises, l'ennemi est dans l'impossibilité d'exploiter, au sud de la rivière, le succès qui n'a qu'un caractère purement local.

Sur le reste du front, rien n'a été signalé.

15 JANVIER 1915

Prise de Saint-Paul par les Allemands et reprise de cette localité par les Français. — Progression des troupes alliées sur Lombaertzyde et Becelaere. — Destruction des passerelles établies sur la Meuse par les Allemands, à Saint-Mihiel.

Situation des armées sur le front occidental

Dans les Flandres et près de la mer, on signale quelques combats qui ont été des succès pour les alliés, notamment près de Lombaertzyde et de Bécelaere, ils se sont paraît-il avancés près de certaines positions allemandes que ceux-ci ont été obligés d'évacuer.

Au nord d'Arras, les zouaves ont enlevé à la baïonnette une position occupée par les Allemands, cette position était en bordure de la route d'Arras à Lille. A la Targette et à Saint-Laurent, c'est-à-dire entre la position conquise et Arras, notre artillerie a pris l'avantage sur l'artillerie ennemie qu'elle a endommagée et réduite au silence.

L'armé allemande du général Von Kluck en présence de l'impossibilité dans laquelle elle s'est trouvée de passer l'Aisne à la suite de notre échec du 14 janvier, a continué son mouvement offensif sur Saint-Paul, elle a d'abord occupé cette localité, à 2 kilomètres au nord-est de Soissons, mais nous l'avons reprise aussitôt, enrayant ainsi toute tentative nouvelle sur Soissons.

Dans un magistral article sur les opérations du 9 au 14 janvier au nord-est de Soissons, le général Berthault, dans le « Petit Journal » expose que les Allemands n'ont fait que se défendre à un mouvement offensif de notre part qui menaçait sérieusement leur digue de défense de la rive droit de l'Aisne, nous n'avons donc à enregistrer dans la circonstance qu'un échec de notre offensive.

En présence du bombardement de Soissons et de la réoccupation de Crouy par les Allemands, de nombreux habitants ont évacué ces deux localités, ils ont été dirigés sur Paris.

Sur tout le reste du front on ne signale qu'une attaque allemande dans le bois d'Ailly, près de Saint-Mihiel, qui a été repoussée et un autre combat très vif que nous avons engagé dans les Vosges, au sud de Senones et dont le résultat nous a été avantageux puisque nous avons détruit le réseau de fil de fer de l'ennemi et comblé ses tranchées.

F. B.

Nouvelles diverses publiées par les journaux

— Armentières a été bombardé à nouveau le 13 janvier, par l'artillerie allemande, des taubes ont survolé la ville mais ils n'ont jeté aucune bombe.

— A Lille, les Allemands se hâtent de construire des tranchées autour de la ville et autour de la citadelle; ces tranchées sont bétonnées et défendues par des canons de marine et des canons de 77, braqués dans la direction d'Armentières. Ils se renforcent également dans les faubourgs de Lille.

— A Anvers, les Allemands fortifient la place et y entretiennent une nombreuse garnison. Tout le long de la côte vers Zeebrugge il y a de nombreuses tranchées, les maisons sont fortifiées et armées de canons de vieux modèle employant de la poudre noire, les troupes sont commandées par le sénateur prussien Volharhin.

— On annonce de Saint-Omer que notre artillerie a bombardé dans la journée du 13 janvier, les locaux occupés par un état-major allemand, à La Bassée.

— On annonce de Rome que des manifestations contre la guerre ont eu lieu à Hambourg ainsi que dans d'autres villes hanséatiques. Le commandant du 9ᵉ corps d'armée a proclamé l'état de siège dans cette région.

Sur la proposition du ministre de la guerre, la médaille militaire a été conférée au Grand-Duc Nicolas, généralissime russe et les généraux Janonchkevitch, Dalilow, Roussel et Ivanoff ont été nommés grands-officiers de la Légion d'honneur.

En Russie. — L'armée russe reprend son activité sur les frontières de la Prusse orientale, en particulier à Rozog et à Radzanow. Le front allemand sur la Bzoura paraît se dégarnir, les attaques mollissent et les obus se font plus rares, on croit à un changement de front mais le grand-duc ayant reçu dernièrement des renforts pouvant s'élever à un million d'hommes, il peut parer à toute éventualité.

Les troupes russes ont abattu près de la jonction de la Bzoura et de la Pilitza deux aéroplanes allemands, l'un a pu rejoindre les lignes ennemies mais l'autre a été capturé avec l'officier qui le montait.

En Turquie. — Les troupes russes qui poursuivaient le 10ᵉ corps d'armée turc ont également complètement défait le 11ᵉ corps dans la région de Karaourgan.

On annonce de Sébastopol que la flotte russe de la mer Noire a coulé ces jours derniers 80 voiliers qui conduisaient des renforts à l'armée d'Anatolie.

En Italie. — Les consulats d'Allemagne et d'Autriche ont conseillé à leurs ressortissants de quitter l'Italie dans le plus bref délai possible, de conserver leur or et de se munir de passeports.

Selon « L'Echo de Paris » une des clauses de l'accord Italo-Roumain serait que la Roumanie déterminerait elle-même le moment de son entrée en guerre et que l'Italie agirait peu après.

Documents historiques, récits et anecdotes

Deux anecdotes. — La première pourrait avoir pour titre *les Abeilles vengeresses;* la seconde *l'Ane patriote.*

Dans une maison de campagne située entre Nanteuil-le-Haudoin et Senlis, le propriétaire fait de l'apiculture. Il y a une vingtaine de ruches. Dans le courant d'août, les Prussiens vinrent occuper cette propriété. Ils commencèrent par défoncer les meubles, prendre l'argenterie, boire le vin et tout visiter. En furetant, ils découvrirent les ruches. « Bonne aubaine, se dirent-ils; nous allons avoir pour notre petit déjeuner des tartines de beurre avec du bon miel dessus. » Bouleverser les ruches et prendre le miel fut l'affaire d'un instant. Ils étaient en train de savourer le fruit de leur larcin quand, tout à coup, les abeilles furieuses se sont précipitées en bourdonnant sur leurs ravisseurs et les ont criblés de cruelles piqûres. Cinquante et un furent défigurés. Ils rugissaient sous l'empire de la douleur et ils demandaient de l'huile à grands cris.

Braves petites abeilles!

Maintenant, histoire de l'âne patriote :

C'est un vieux baudet intraitable, d'un caractère plutôt fâcheux. Il ne se laisse mener que par l'homme qui lui donne sa nourriture de chaque jour. Il sert à aller chercher à Frumilly, le village voisin, les provisions journalières. Un Prussien voulut l'enfourcher. L'âne, furieux, de se cabrer et de faire mille cabrioles et toutes sortes de ruades. Bref, il se débarrasse de son cavalier incommode et le flanque à plat ventre. Non content de lui avoir fait mordre la poussière, il le saisit avec ses dents à l'endroit où le rein perd son nom, le secoue et le met dans le même état que le personnage de *Candide*. Le malheureux Boche était défiguré. — (*Petit Journal*).

Nous ne pouvons rester neutres devant la barbarie allemande dit un écrivain américain. — L'écrivain américain Richard Harding Davis vient de publier un ouvrage intitulé: *With the Allies*, où il rapporte les impressions de son séjour en Europe auprès des alliés :

« Si le conflit européen, déclare-t-il par les dernières lignes de sa préface, était une lutte loyale, le devoir de tout Américain serait de se tenir sur la ligne du champ clos et de garder l'esprit libre. Mais ce n'est pas une lutte loyale. Dévaster un pays que vous avez juré de protéger, lancer des bombes sur des villes non fortifiées, placer n'importe où des torpilles, terroriser le peuple en menaçant de mort des otages, détruire des cathédrales, n'est pas combattre loyalement.

« Mais c'est la manière dont l'Allemagne combat. Elle n'observe ni les règles de la guerre ni celles de l'humanité. Et s'il doit être donné à l'opinion publique de prévenir le retour de pareils outrages et de hâter la fin de ce conflit sans nom, c'est en prenant parti contre l'offenseur. Si nous autres, Américains, nous sommes convaincus qu'un des adversaires lutte honnêtement et que son ennemi est déloyal, ce serait une lâcheté que de conserver une attitude d'esprit neutre.

« Quand un chien enragé met en danger de mort tout ce qui passe par un village, le devoir de chaque paysan est de prendre son fusil et de le tuer, et non de s'enfermer chez lui et de garder, vis-à-vis du chien et de ses victimes un état d'esprit neutre. »

Dépêches officielles

Premier Communiqué

De la mer à la Lys, combats d'artillerie quelquefois assez vifs. Nous avons progressé près de Lombaertzyde et près de Becelaere.

Au nord d'Arras une brillante attaque des zouaves a enlevé à la baïonnette les positions ennemies voisines de la route Arras-Lille.

Dans la même région, à la Targette et à Saint-Laurent, ainsi qu'au nord d'Andechy (région de Roye) notre artillerie a pris l'avantage sur celle de l'ennemi (batteries réduites au silence, deux pièces démolies, explosion d'un dépôt de munitions, destruction d'ouvrages en construction).

A deux kilomètres nord-est de Soissons les Allemands ont attaqué Saint-Paul; ils y sont entrés mais nous l'avons repris aussitôt.

Dans la région de Craonne et de Reims, violent combat d'artillerie au cours duquel les batteries ennemies ont été fréquemment réduites au silence.

Dans la région de Perthes, dans l'Argonne et sur les Hauts-de-Meuse, rien d'important à signaler. Nous avons détruit les passerelles établies par les Allemands sur la Meuse à Saint-Mihiel et repoussé dans le bois d'Ailly une attaque dirigée contre les tranchées prises par nous le 8 janvier.

Dans les Vosges, au sud de Senones, nous avons, dans un vif combat d'infanterie, bousculé les Allemands, coupé leurs réseaux de fil de fer et comblé leurs tranchées.

Sur le reste du front, rien à signaler.

Deuxième Communiqué

Aucun incident notable n'est signalé.

---

16 JANVIER 1915

Violents combats à Blangy et à la Boisselle. — Echec d'une attaque allemande à Flirey. — Victoire russe à Karaourgan.

Situation des armées sur le front occidental

Les combats d'artillerie semblent être la note dominante dans la région du Nord, on ne signale encore aujourd'hui que de la canonnade dans les régions de Nieuport et d'Ypres. Il nous parvient cependant par la voie des journaux que le 13 janvier, les belges se sont emparés au nord de Nieuport d'un phare qui servait de point d'appui aux Allemands, les Belges ont été aidés par deux vaisseaux de guerre. D'autre part, les Allemands auraient abandonné La Bassée où leur position n'était plus tenable sous le feu convergent de l'artillerie.

Dans la journée d'hier, l'ennemi a attaqué simultanément nos troupes au nord d'Arras, à Notre-Dame-de-Lorette où il a réoccupé les tranchées qui lui avaient été enlevées le 14 et à La Boisselle, au sud d'Arras, où son attaque a été repoussée.

Au nord-est de Soissons, à la suite de la bataille acharnée de ces jours derniers, c'est l'accalmie relative. Si l'ennemi avait cru tirer un profit quelconque de son succès, il s'est trompé, car son échec à Saint-Paul lui a fermé la route de Soissons et nous occupons sur la rive gauche de l'Aisne des positions qui nous permettent d'arrêter toutes les attaques qu'il voudrait essayer. Il paraît que le kaiser assistait à la bataille de Soissons, s'il a éprouvé un moment de satisfaction lorsqu'il nous a obligés à repasser l'Aisne, il a dû éprouver une déception le lendemain lorsque ses troupes ont dû rétrograder sur la route de Soissons. A l'est de Reims, nous avons progressé aux abords de Perthes et nous nous sommes emparés d'un petit bois à 300 mètres en avant de lignes, à Beauséjour.

Entre Meuse et Moselle, à Flirey, est de Saint-Mihiel, nous avons rejeté une violente attaque allemande, dirigée contre nos tranchées. A Clémery (est de Pont-à-Mousson) l'ennemi a été obligé d'abandonner une crête en raison de ce qu'il était décimé par notre artillerie.

En Haute Alsace, c'est toujours l'accalmie due à la chute des neiges. Les Allemands paraissent préparer quelque chose dans cette région, un arrêté interdit de pénétrer sur le théâtre des opérations et surtout d'en sortir. F. B.

Nouvelles diverses publiées par les journaux

— A la réunion des ministres belges, tenue au Havre, il a été décidé d'appeler sous les armes tous les belges de 18 à 30 ans.

— Deux attachés de l'ambassade des Etats-Unis visitent les prisonniers et les blessés allemands en France, ils étaient à Brest le 15 janvier.

— On annonce de Rome que de nombreux Italiens partent pour la France afin de remplacer les vides du régiment garibaldien.

— On apprend que la démission de M. Kuchn, ministre des finances allemand est imminente, il serait remplacé par le Docteur Helffrich, directeur de la Banque d'Allemagne.

— Madame Vandervelde, femme du ministre d'Etat belge est partie depuis 3 mois aux Etats-Unis, elle fait des conférences sur les horreurs commises en Belgique par les Allemands. Elle recueille des dons en argent, ils s'élèvent en ce moment à 1.400.000 francs. A Buffalo, les industriels ont offert un bateau chargé de 10.000 sacs de farine.

— M. Ghenadieff, ancien ministre bulgare a été envoyé en mission à Rome, puis à Paris et à Londres, par son gouvernement. Avant de commencer une ère de politique nouvelle, la Bulgarie désire connaître l'attitude prochaine de l'Italie dans un avenir prochain. On voit dans cette démarche le prélude d'une union de toutes les nations balkaniques contre la Turquie, l'Autriche et l'Allemagne.

En Russie. — Au nord de la Pologne, la situation n'est pas modifiée, trois armées russes s'avancent en Prusse orientale, sur un front de 150 kilomètres, l'aile gauche menace Thorn. Les Russes ne paraissent pas s'effrayer de la menace allemande sur Varsovie.

En Galicie les opérations sont provisoirement arrêtées en raison de l'épaisseur de la couche de neige et du froid.

En Turquie. — Les opérations russes dans le Caucase continuent, les Russes ont complètement anéanti le 52e régiment turc; dans la poursuite des troupes turques ils ont pris 5.000 prisonniers, 14 canons et environ 10.000 têtes de bétail.

Les Turcs ont poursuivi leur pénétration en Perse, ils se sont emparés de Tauris après une lutte qui a duré 10 heures.

On annonce du Caire que l'armée turque destinée à envahir l'Egypte a quitté Jérusalem le jour de Noël, elle se compose de 5.000 hommes et 4 canons. De nombreuses troupes sont également parties de Damas on estime l'effectif d'ensemble à 40.000 hommes.

Un télégramme d'Athènes fait connaître que toute la flotte turque a quitté la mer Noire.

En Roumanie. — Il résulte d'informations puisées à une source excellente que la Roumanie se prépare sérieusement à entrer en campagne. Les étudiants roumains des Universités suisses ont reçu télégraphiquement ce matin, 16 janvier, leur ordre de mobilisation. La légation roumaine à Berne annonce que l'amnistie sera accordée à tous les déserteurs de l'armée roumaine qui se présenteront.

Dépêches officielles

Premier Communiqué

En Belgique, combat d'artillerie dans la région de Nieuport et dans celle d'Ypres.

De la Lys à la Somme: A Notre-Dame-de-Lorette, près de Carency, l'ennemi a réoccupé une partie des tranchées qu'il avait perdues le 14. A Blangy, près d'Arras, nos progrès ont continué.

L'ennemi a prononcé une attaque énergique, précédée d'un violent bombardement, sur nos positions à l'ouest de la Boisselle; cette attaque a été repoussée.

Sur tout le front de la Somme à la Meuse, aucune action d'infanterie n'est signalée.

Dans les secteurs de Soissons et de Reims, notre artillerie a obtenu des résultats appréciables sur plusieurs points (dispersion d'un régiment en voie de rassemblement, explosion dans une batterie ennemie, démolition d'un ouvrage, etc., etc.).

En Argonne, action assez intense de l'artillerie ennemie sur Fontaine-Madame.

De l'Argonne aux Vosges: échec complet d'une attaque assez vive dirigée contre nos tranchées de Flirey et évacuation par les Allemands, en raison du tir de notre artillerie, de la crête au nord de Clémery (est de Pont-à-Mousson).

Dans le secteur des Vosges, combat d'artillerie sur tout le front avec quelques fusillades, notamment à la Tête-de-Faux.

En Haute-Alsace, pas de changement.

Deuxième Communiqué

Rien d'important n'a été signalé si ce n'est que nos troupes se sont emparées d'une nouvelle tranchée aux abords de Perthes et d'un bois à deux ou trois cents mètres en avant de nos lignes au nord de Beauséjour.

Le 16ᵉ fascicule paraîtra incessamment.

Réclamer les fascicules précédents.

NIORT. — IMP. TH. MARTIN

www.ingramcontent.com/pod-product-compliance
Lightning Source LLC
LaVergne TN
LVHW021725080426
835510LV00010B/1146